2022년 1월 21일 개정 1쇄 발행

글쓴이   백범흠
펴낸곳   (주)늘품플러스
펴낸이   전미정
책임편집   최효준
디자인   정진영 정윤혜
교정교열   강찬휘
출판등록   2004년 3월 18일 제2-4350호
주소   서울 중구 퇴계로 243 평광빌딩 10층
전화   02-2275-5326
팩스   02-2275-5327
이메일   go5326@naver.com
홈페이지   www.npplus.co.kr
ISBN   979-11-88024-56-8 03340

값 15,000원

ⓒ 백범흠, 2022

전문가들을 위한

미·중 신냉전과 한국 Ⅱ

미·중 신냉전은 국가와 민족의 생존은 물론, 남·북 통일을
넘어 우리 민족의 부흥과 도약으로 나아갈 수 있는 기회가
될 수 있다.

한국은 유라시아대륙 동쪽 끝에 위치해 있으며, 중국·일본·
러시아에 에워싸인 한반도의 남부에 자리한 인구 5,170만 명,
면적 10.1만 ㎢, GDP 1.82조 달러 G7 수준 분단국이다.

저자는 1982년 말부터 1985년 초까지 북한강 상류 금성천金城川이 내려다보이는 철원-화천 DMZ 지역 GOP와 GP에서 수색대 민정경찰 소총병小銃兵으로 복무했다. 저자가 복무했던 금성천 일대는 1953년 7월 휴전 직전 국군이 중국군의 공세에 밀려 금성천 남안南岸으로 4㎞를 후퇴당하고 192㎢를 빼앗겼던 지역이다. 저자는 1989년 6월부터 2018년 11월까지 약 30년 기간 중 20여 년 간 유라시아 전역, 즉 동쪽으로는 중국, 서쪽으로는 독일과 오스트리아, 제네바스위스, 그리고 중앙아시아 우즈베키스탄에서 외교관 또는 유학생으로 거주하는 행운을 누렸다. 베이징 근무 시는 미·중 관계, 그리고 다롄 근무 시는 한국-북한-중국 3각 관계를 관찰했다. 장기간 유학·연수했던 독일 근무 시는 독일 통일 전후 서독독일이 어떻게 외교를 했는지를 콜Helmut Kohl 총리의 장남 발터 콜Walter Kohl과 헤센평화갈등연구소HSFK 뮐러Harald Müller 교수 등으로부터 확인할 수 있었다. 2019년 2월부터 2021년 8월까지 강원도 국제관계대사로 근무하면서 철원, 화천, 양구, 인제, 고성 등의 DMZ 지역을 방문하는 기회도 가졌다. 저자는 유라시아 대륙 동·서와 중앙아시아에서 거주한 20여 년 간 『한겨레 21』과 『신동아』 등에 '우문태宇文泰' 또는 '장량張良'이란 필명으로 한반도를 포함한 동아시아-서태평양 지역 정세, 독일 통일, 유라시아 'Great Game' 등에 대해 국제정치학자 자격으로 장기간 연재했다. 이 책은 그 기고문들을 발췌하여 일부 오류를 바로잡고, △미·중 신냉전과 △북·중 관계 △중·러 관계 등을 증보 增補한 결과물이다. 이 책 여기저기에 저자의 DMZ 지역 수색대원 복무와 함께 중국, 독일, 오스트리아, 제네바스위스, 우즈베키스탄, 그리고 강원도 근무 경험이 녹아 있다.

16세기 초 김종직과 조광조 등 성리학자들이 대거 기용되기 시작한 이후 우리나라는 성리학 원리주의에 입각, 장기간 권력투쟁을 벌여 국내 라이벌을 외부 적보다 더 미워하는 사람들로 가득한 「분열사회split society」 전통을 갖게 되었다. 「민부국강民富國强」을 이루기 위해서는 임진왜란 발발 직전인 1589년부터 1591년까지 3년간 지속된 기축참사 당시 동인 ⇔ 서인 대립보다 더 심해진 정치·사회 진영 간 심리적 전쟁상태를 해소하고, 화해·통합하는 것이 긴요하다. 「종북從北」과 「토왜土着倭寇」라는 단어로 상징되는 진보·보수 진영 간 혐오와 대립에서 벗어나야 G5와 통일로 가는 길도 닦을 수 있다. 진보는 보수가 동의하지 않는 정치·사회 문제 해결 시도는 갈등·대립의 확산을 가져올 뿐이라는 것을 인식할 필요가 있다. 그리고 보수는 반공反共 근본주의에 빠져 진보와의 사상 논쟁을 통해 이득을 보겠다는 유혹을 떨쳐야 한다. 미국, 중국 등 외부세력에 국가

운명을 맡기려는 관성에서도 벗어나야 한다. '전사불망 후사지사前事不忘 後事之師'라는 말이 있다. 과거를 잊어버린 자는 똑같은 잘못을 되풀이 한다는 뜻이다.

유럽연합EU은 2019년 3월 중국을 선도적 기술강국이라고 정의했다. 21세기 초 세계는 △일대일로一帶一路와 5G·6G 무선정보통신기술, 인공지능AI, 우주정거장, 안면인식기술, 전기차 등으로 상징되는 중국의 부상浮上, 그리고 △미국의 상대적 약화라는, 오간스키 Kenneth Organski가 말한 세력전환power transition이 눈앞에서 벌어지고 있는 격변의 시대를 맞고 있다. 미·중 두 나라가 투키디데스의 함정전쟁을 향해 가고 있다는 말도 나온다. 중국은 기술혁신에 기반한 지속 성장에 힘입어 2030년경까지 GDP 기준 미국을 추월하고, 2050년경에는 GDP 40~50조 달러로 미국을 크게 앞설 것이라 한다. 제1차 세계대전을 전후로 완만하게 진행되던 영·미 간 세력전이power shift와는 달리 미·중 간 세력전이는 역사·문명·인종적 배경이 다른 나라 간, 그리고 우리 바로 옆에서 벌어진다는 점에서 중요하다. 「세계제국world empire」 미국의 상대적 쇠퇴는 COVID-19이 확산된 2020년 이후 더 분명하게 감지된다. 2016년 말 트럼프의 대통령 당선을 전후하여 미국은 '분열 사회Split Society'로 전락했다. 코로나 팬데믹은 트럼프 정부의 무능과 독선으로 인해 타격받았던 미국을 설상가상의 위기에 빠뜨렸다. 미국의 세계 지배 수단 중 하나인 경제·금융 축 또한 2016년 1월 중국이 주도한 아시아인프라투자은행AIIB 출범을 전후로 흔들리기 시작했다. 현재의 미·중 관계는 미·소 관계와 달리 무역·투자와 공급망 등 경제 네트워크로 촘촘하게 얽혀있다. 미국은 2020년 7월 중국의 홍콩보안법 도입, 위구르족과 티베트족 포함 소수민족 인권 탄압 등에 반발, 대對중국 경제 제재를 감행했다. 하지만, 미국이 대對 중국 반도체 제재를 본격화한 2020년 한 해에만 미국 기업의 중국 반도체 분야 투자 건수는 역대 최다인 80~90건에 달했다. 월가Wall Street와 런던, 프랑크푸르트 자본의 홍콩, 상하이 금융시장 투자는 줄어들지 않고 있다. 미국은 중국의 급소인 홍콩의 달러 페그제도 흔들지 못하고 있다.

중국은 한·당漢唐 전성기 재현을 목표로 한 「중국몽中國夢」 실현을 위해 유라시아-아프리카대륙 방면으로는 마오쩌둥식주변부로 세력을 확장, 핵심을 포위 미국 포위 전략인 일대일로 정책을 추진하고 있다. 서태평양해양 방면으로는 A2/AD반접근/지역거부 전략 이행을 위해 도련선 정책을 추진하고 있다. 시진핑은 2013년 4월 "태평양은 미·중 두 나라를 모두 수용할 수 있을 만큼 넓다."고 말했다. 미국의 태평양 헤게모니Hegemonie에 도전하겠다는 뜻으로 해석된다. 중국은 중국판 '먼로주의Monroe Doctrine'라 할 수 있는 '아시아인에 의한 아시아'도 주창하고 있다. 미국은 여야與野, 진보·보수를 불문하고 중국의 팽창을 심각하게 우려하고 있다. 탈동조화decoupling와 미·인·일·호의 쿼드QUAD, 미·영·호의 오커스AUKUS 모두 중국 봉쇄를 위한 것이다. (중국에 대한 경제 의존도가 약 25%에 달하는 한국은 디커플링 최대 취약국이다.) 2021년 초 취임한 바이든 대통령은 트럼프와 달리 동맹국들을 결집(합종)하고, AI 등 과학기술과 공급망, 무역규범, 인권 등의 전선에서 체계적으로 중국을 압박하는 정책을 취하고 있다. 미국은 서해-동중국해-남중국해-말래카 해협-인도양 등에서 군사적으로도 중국을 견제하고 있다. 이에 따라, 미·중 대립의 언저리에 위치한 한국에게 국가적 위기는 늘 함께 할 것이며, △사드THAAD: 고고도미사일방어체계 한국 배치 △남중국해와 타이완 해협 등에서의 미·중 군사대립 △QUAD와 AUKUS 창설 △2022 베이징 동계올림픽 정치적 보이코트 등의 예에서 알 수 있는 것처럼 미·중 사이에서 전략적 선택을 강요받는 사안은 늘어 갈 것이다. 우리는 2021년 5월 한·미 공동성명의 관점에서 미·중 대립 동향을 관찰해야 한다. 우리가 확고한 원칙 없이 미·중 사이에서 시계추 외교정책을 취할 경우 19세기 말~20세기 초 조선과 같이 강대국 충돌의

현장이 될 수 있다. 우리는 전제專制의 대륙이 아니라, 자유와 민주의 QUAD, Five Eyes미국·영국·캐나다·호주·뉴질랜드 등 해양세력으로 다가가야 한다. 물론, 동맹은 강자의 선택이다. 강대국이 동맹을 주도한다. 우리 외교정책의 축인 한미동맹의 성격과 강도, 용도도 한국이 아닌 미국의 판단에 주로 좌우된다. 원교근공遠交近攻 전략 상 미국보다 나은 대안은 없다. 미·중 세력전환기에 상대적으로 약한 우리나라가 한미동맹 강화와 함께 중국과의 우호관계도 유지하는 것은 결코 쉽지 않다. 미·중 세력전환이라는 혼돈의 시대에 대처하는 방법으로 주장되고 있는 '균형외교'는 ①앗시리아-신新바빌로니아, 이집트 사이에서 시계추 외교를 한 유다 왕국BC 10세기부터 BC 6세기까지, ②춘추시대 남방 강국 초楚와 북방 강국 진晉 사이에 끼여 고통을 겪은 정鄭, ③프로이센, 러시아, 오스트리아 사이에 끼여 있던 폴란드, ④청淸과 일본사쓰마번에 양속兩屬되어 있던 류큐琉球·오키나와, ⑤소련과 중국 간 줄타기 외교를 했던 북한 등 수 많은 역사적 사례가 증명하듯 단기적 효과밖에 없다. 외정外政이 내정內政을 결정했던 유다 왕국, 정나라, 폴란드, 류큐 왕국 등 모두 인근 강대국으로부터 계속 침탈당한 끝에 멸망하고 말았다. 국제정치학자 모겐소Hans Morgenthau는 '16세기말 이후 한반도의 운명은 대륙세력과 해양세력 간 세력균형에 의해 좌우되어 왔다.'고 한다. (남·북 통일을 위해서는)

역설적으로 민족주의 과잉 구시대 외교를 갈아엎어야 한다. 북한 문제 해결에 과다한 비중을 두는 외교안보정책은 그만두어야 한다. 동남아시아와 인도아대륙 포함 전지구와 우주, 사이버 세계로 시각을 넓혀야 한다. 현재의 한국은 부상浮上한 중국과의 밀접한 무역·투자 관계와 세계제국world empire 미국과의 군사동맹 사이에서 어떻게 생존을 유지하고, 번영을 지속할 수 있을까 하는 지정학적 딜레마에 처해 있다.

이에 따라, 우리 외교는

첫째, 해양세력동맹 미국과 대륙세력전략적 동반자 중국 사이에서 어떤 입장과 정책을 취해야 하는가? 이웃 강국 일본과의 관계는 어떻게 설정할 것인가?

둘째, 한반도에 사실상 2개의 국가가 존재한다는 현실 위에서 △북핵과 북한, △한반도 문제를 어떻게 해결해야 하는가? 에 대한 답을 찾는 데 집중해야 한다.

첫 번째 문제는 우리나라, 그리고 미·중·일이 (강대국으로) 지구상에 존재하는 한, 그리고 두 번째 문제는 통일이 될 때까지 해답을 찾아야만 하는 우리의 숙명적 과제다.

우리나라는 유라시아 대륙 동쪽 끝에 위치해 있으며, 중국·일본·러시아에 에워싸인 한반도의 남부에 자리한 △인구 5,170만 명 △면적 10.1만 ㎢ △GDP 1.82조 달러의 G7 수준 분단국이다. NATO와 러시아 사이에 낀 스웨덴, 핀란드 국민처럼, 고故 김대중 대통령도 말했듯이 우리 모두 외교적 국민이 되어야 한다. 저자는 이 책에서 현재 우리나라가 어디에 위치해 있으며, 어디로 가고 있는지 고민해 보았다. 1981년 3월 대학생이 된 후 대화를 통해 저자의 시각을 교정해주고, 지식의 한계를 넓혀준 선학先學과 외교부 선배·동료, 그간 만나본 국내외 학자와 정치인, 기자, 한중일 협력사무국TCS 직원, 특히 2010년대 초 주중 한국대사관에서 인턴을 지냈던 분들께 무한한 감사의 인사를 올린다.

2022년 1월
사랑하는 아내 임정민에게,
광화문에서 白範欽

목차

동아시아-서태평양

카자흐스탄

몽골

신장

아프가니스탄

티베트

악사이친

아루나찰 프라데시

파라셀

안다만

스프라틀리

니코바르

몰디브

세이셸

르위니옹

차고스 제도

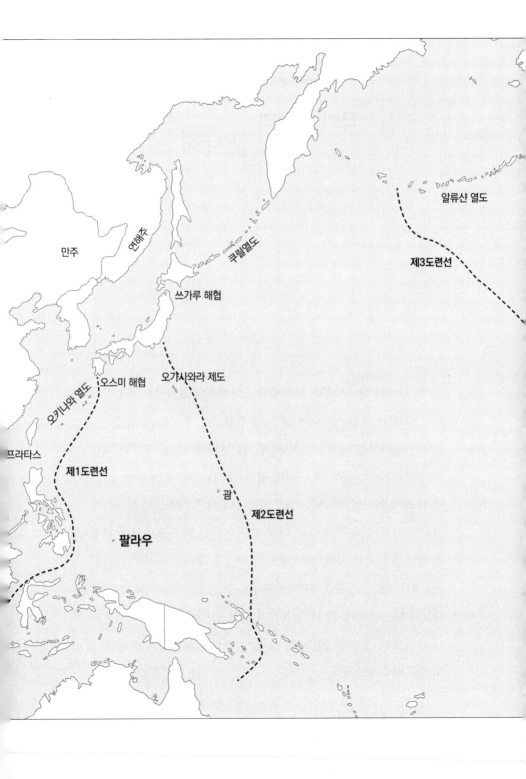

국가 생존과 군사력

한반도는 해양세력과 대륙세력의 영향력이 교차하는 요충지이다. COVID-19 New-Normal 시대 경제성장 추세로 가면 중국은 2030년경까지는 미국을 넘어 세계 제1 경제대국으로 부상할 전망이다브루킹스연구소 2020년 8월. 군사력 평가기관 GFPGlobal Firepower 2021년 발표에 의하면, 중국은 미국, 러시아에 이은 세계 제3위 군사강국이라 한다. 이웃국가 중국, 일본 모두 한반도를 자국 안보에 결정적 영향을 미치는 사활의vital 땅으로 여긴다. 중국과 일본은 △임진왜란1592~1598 △청일전쟁1894~1895 △6·25전쟁1950~1953 시 모두 한반도에 대군을 파병했다.(*일본은 6.25전쟁 시에도 소해掃海 전문가를 중심으로 연 인원 2만여 명 파병) 한반도는 세계제국 미국의 안보에도 매우 중요하다.

한반도, 중국의 목을 겨누는 비수匕首

　　5G·6G 무선정보통신기술로 상징되는 중국의 굴기崛起는 눈앞의 현실이다. 2016년~17년 간 지속된 사드THAAD 한국 배치 문제에서 드러났듯이, 중국을 겨누는 비수匕首 한반도의 군사안보적 가치는 더 높아질 수밖에 없다. 백령도-평택-군산-목포-제주를 잇는 서해 라인은 '도전자' 중국의 요충지를 근거리에서 감시, 타격할 수 있는 대對중국 최전선이다. 미국이 사거리 1,600㎞ 전략 장사정포를 목포에 배치하면, 중국 상하이와 칭다오북해함대, 닝보등해함대 등이 모두 무력화될 수 있다. 제주도는 ①서해와 ②동중국해, 그리고 ③대한해협 항로航路·공로空路 모두를 통제할 수 있는 요충 중 요충이다. 수도 서울의 관문 경기만京畿灣 북쪽과 남쪽을 입구에 위치한 백령도와 격렬비열도는 베이징과 평양 등 근거리에서 타격할 수 있는 불침항모unsinkable aircraft carrier이다. 앞으로 백령도와 격렬비열도의 지정학적 가치에 더 주목해야 한다. 경기만 제해·제공권 확보는 수도권 안보에 필수적이다. 서해 북방한계선NLL은 수도권 방어를 위한 최소한의 해양경계이다. 중국이 핵 무장한 북한을 감싸고도는 이유 중 하나도 완충지대로서 북한의 지정학적 중요성脣亡齒寒을 인정해서이다. 손자孫子는 「지기지피知己知彼, 백전불태百戰不殆: 나를 알고 적을 알아야 내가 위기에 처하지 않는다.」라고 했다. G5 수준의 '민부국강民富國强'을 달성하고 통일을 이루려면, 미·중·일·러 등이 한반도를 어떤 시각으로 들여다보고 있는지 제대로 알아야 한다. 그런데, 상품가격과 마찬가지로 지정학적 가치도 변한다. 북한이 중국에

게 가치 있는 것은 만주滿洲·동북3성에서 동해로 진출할 수 있는 회랑 corridor인 동시에 해양세력이 침공했을 때 만주와 보하이만渤海灣을 방어하는 울타리 역할을 할 수 있기 때문이다. 일본에게 있어 한반도는 얻으면 만주로 나갈 수 있고, 잃어버리면 큐슈와 서부 혼슈라는 일본의 '복부腹部'를 직접 위협받게 되는 사활의 땅이다.

GFP 기준 한국 제6위, 북한 제28위

군사력은 합법적 폭력수단이다. 우리는 북한뿐 아니라 중국이나 일본이 시도할 수 있는 제한전 정도는 저지 가능한 군사력을 확보해 놓고 있어야 한다. 재래식 무기를 동원한 중국군이나 일본군의 국지局地 공격에 즉각 반격할 수 있는 △현무 시리즈 같은 고성능 탄도·순항 미사일과 △핵추진 잠수함 △정보 및 감시·정찰ISR 능력 제고를 위한 한국형 위성항법장치KGSP, 정찰기 △고성능 무인기 포함 강력한 해·공군력 확보가 필요하다. 2021년 5월 한·미 미사일 지침 종료와 2021년 10월 고흥 나로도 기지에서 발사된 누리호KSVL-II는 ICBM급 미사일과 ISR 능력을 획기적으로 제고시켜 줄 것이다. 핵추진 잠수함은 북한의 수중발사탄도미사일SLBM 탑재 잠수함을 지속 추적하고, 바다 속 고속기동을 통해 적 함정 등을 기습 공격할 수 있는 장점이 있다. 핵 기술과 핵연료 확보가 쉽지 않은 것은 문제이다. 중국 등 강대국 해군의 우리 해안 침투 방어 능력 강화한국판 A2/AD를 위한 대함對艦 탄도미사일, 공대함空對艦 극초음속 미사일과 함께 AI, 5G·6G 무선정보통신기술, 원자력 기술, 드론 기술을 결합한 신개념 무기는 우리 영해와 배타적 경제수역EEZ을 지키는데 큰 도움이 될 것이다. 중국의 '천인계획' 같은 첨단과학자 초빙招聘 프로그램 실행도 필요하다. 사이버와 하이브리드hybrid 전쟁에도 대비해야 한다.

2021년 8월 GFP가 핵무기를 제외한 재래식 군사력을 기준으로 평가한 결과, 한국의 군사력은 ①미국, ②러시아, ③중국, ④인도, ⑤일본에 이은 세계 제6위이다. 그럼에도 불구하고 중·러 공군기가 이어도와 독도 상공을 비롯한 우리 방공식별구역KADIZ을 수시로 침범해도 때로 기종機種조차 식별 못할 정도로 우리 해·공군력은 상대적으로 취약하다. 특히, 공세적 전력이라 할 해군력은 함정 톤수 기준 중국182만t의 1/8, 일본45만t의 1/2에 불과한 24만t에 불과하다. 중국, 러시아, 일본 등 인근국 함선의 우리 배타적경제수역EEZ 침범 횟수가 증가하고 있다. 중국 함선이 2016년부터 2020년까지 5년간 우리 서해와 남해 EEZ를 침범한 횟수만 910회에 달한다. 다롄과 칭다오 등을 모항으로 하며, SLBM 쥐랑-Ⅱ 또는 쥐랑-Ⅲ를 장착한 중국 전략 핵잠수함이 서해와 남해 등에 수시 출몰하고 있다. 중국은 2013년 우리나라에 서해 동경 124도선 서쪽으로 함선을 보내지 말 것을 요구했다. 2018년에는 한·중 잠정조치수역과 이어도 근해에 8개의 부표를 설치했다. 중국은 수천 척으로 구성된 해상민병대(어선 총 19만 척)도 운용하고 있다. 해상민병대는 남중국해에서 그랬듯이 이어도 문제에도 개입할 수도 있다. 우리는 이에 대비하고 있는가? 경항모는 중국에 의한 서해 내해화를 저지하는 데 적합한 최선의 무기인가? 북한의 군사력은 2021년 현재 GFP 기준 세계 28위다. △GFP와 △스톡홀름국제평화연구소SIPRI △제인 연감IHS Janes 등 권위 있는 안보연구소들은 재래식 무장력 기준 한국 군사력이 북한 군사력의 최소 3배 이상이라고 본다. 「현무」와 천궁 M-SAM으로 대표되는 탄도와 순항 미사일 기술 수준도 우리가 더 높다. 북한의 1년 국방예산은 한국 1년 국방예산430억 달러의 6분의 1에도 못 미치는 70억 달러 정도로 추산된다. 북한이 2020년 10월 10일 노동당 창건 75주년 행사시 전시한 더 발전된 형태의 고체연료 ICBM과 SLBM 포함 탄도·순항 미사일, 생화학무기, 특수부대 등 비대칭 전력을 계속 증강해온 터라 재래식 무장력으로만 군사력을 평가할 수 없는 측면은 있다. 50~60기의 플루토늄Pu과 우라늄 U 핵무기를 갖고 있는 북한이 핵무기의 전술무기화를 완료했다는 평가도 있다. 북한은 2021년 9월에 이어 2022년 1월 5일에도 극초음속 미사일 발사 시험을 감행했다. 이에 더하여, 북한은 중국의 군사적 수요도 감안, 2021년 6월 전방, 중부, 후방으로 구성되어 있던 핵·미사일 전략부대를 통폐합, 동부와 서부 사령부로 나누었다. 동부 사령부에는 미·일 타격, 그리고 서부 사령부에는 미군의 서해 진입과 중국 타격을 저지하는 임무를 부여했다. 북한뿐 아니라 중국, 일본이라는 지정학적 숙적宿敵에 맞선 우리나라는 세계 6위로 평가받는 군사력을 가졌지만 핵물질을 확보하거나 대륙간탄도미사일 ICBM 기술은 아직 개발하지 못하고 있다.

미국의 압도적 군사력military dominance

△북미군, 남미군, 인도·태평양군, 중부군, 유럽군, 아프리카군 등 전세계를 관할하는 6개 전구군 △이지스함 80척, 줌월트 구축함 3척 등 297만t의 함정을 보유한 제2, 3, 4, 5, 6, 7, 10함대 △6개 공군 사령부 병력 포함 총 140만 대군 △초경량화·소형화 탄두 포함 핵 탄두 5,800개 △ICBM 400기 △11개 항공모함 전단 △원자력 잠수함 57척 △전투기 3,300여 대 △인공위성 140기 포함 첨단 항공우주군 등을 보유한 미국은 무인기UAV의 항공모함 이·착륙에 성공하는 등 지속적인 군사기술 혁신을 통해 중국과 러시아에 대해 압도적 군사력 우위를 유지하고 있다. 미국은 2019년 2월 중국의 탄도미사일 능력 제고를 견제하기 위해 1987년 소련과 체결한 중거리핵전력협정Intermediate-Range Nuclear Forces Treaty, INF 탈퇴를 선언했다. 미국은 지구 전역을 단시간 내에 타격할 수 있는 역량을 갖추고자 극초음속 비행체 시험을 계속해왔다. 2020년 8월과 9월 잇달아 중국을 겨냥하여 대륙간탄도미사일ICBM 미니트맨3를 캘리포니아주 반덴버그 공군기지에서 발사, 6,759㎞를 비행하여 남태평양 마셜제도의 목표물을 맞히는 시험에 성공했다. 미국은 상대국 폭격기나 미사일 격추를 위한 300kW급 고출력 레이저 무기 개발에도 착수했다. 해군력 증강에도 나섰다. 2045년까지 최대 80척의 핵추진 잠수함과 11척의 항모, 6척의 경항모 포함 4~500척으로 구성된 함대를 갖출 계획이다. 미국은 오랜 전투 경험을 통해 중국이 갖지 못한 전쟁 노하우도 확보했다. 같은 스포츠팀이라도 누가 감독하고, 선수들이 얼마나 숙련되

없느냐에 따라 성적이 달라지듯 오랜 전쟁 경험을 가진 미국은 같은 성능의 무기로도 탁월한 결과를 낼 수 있다. 군사력을 뒷받침해야 할 경제력이 상대적으로 쇠퇴하고 있는 것이 문제다. 미국은 많은 비용이 소요되는 한국과 일본, 독일 등 주둔 미군 사용 방법을 놓고 끊임없이 고민하고 있다. 닉슨Richard Nixon 센터를 중심으로 한 일부 외교안보 전문가들은 북한의 단거리 미사일 공격 목표가 될 수 있는 평택기지 미군 철수를 주장하기도 한다.

중·일의 군사력 증강

2021년 현재 중국은 14억 인구의 40%에 달하는 약 6억 명의 월수입이 140달러약 16만원 이하이며, 지니계수가 0.47에 달할 정도로 경제적으로 불평등한 나라지만, 1978년 개혁·개방 이후 43년 간 지속된 연평균 9.6%의 고도경제성장에 힘입어 군사력을 지속 증강해왔다. SIPRI에 의하면 2020년 중국 국방예산은 미국 7,780억 달러에 이은 세계 제2위로 2,520억 달러미국의 약 1/3에 달했다 한다. 인도에 이어 제 4위인 러시아의 국방예산은 중국의 약 1/4인 620억 달러였다. 2020년 중국 국방예산은 일본약 530억 달러의 4~5배가 넘는다. 중국은 2016년 2월 7개 군구를 5개 전구로 재편했다. 중국은 2021년 현재 전략무기인 핵탄두 320개와 ICBM 98기를 보유했다. 중국은 2019년경 이후 간쑤성위먼과 신장자치구하미, 네이멍구지란타이에 300여 기의 ICBM 격납고를 신설하는 등 '최소억지 핵전략'에서 '공포의 핵균형Balance of Terror 전략'으로 옮겨가고 있다. 미 국방부

2021년 연례보고서에 의하면, 중국은 2030년까지 1,000여 개
미국 5,800개의 핵탄두를 보유할 것이라 한다. 소련이 그랬듯이 중국도
상호확증파괴MAD 핵전략을 채택했다는 것이다. 중국은 MAD를 담
보하기 위해 전략 핵잠수함 건조와 SLBM 성능 향상에 매진하고 있
다. 사거리 9,000㎞의 쥐랑-Ⅱ와 12,000㎞의 쥐랑-Ⅲ가 한 가지 예
이다. 중국은 조기경보기 도입, J-20 스텔스기를 비롯한 첨단 전투
기 제작, 055형 난창급 대형 구축함destroyer과 전략 핵잠수함현재 6척
추가 건조에도 박차를 가하고 있다. 미국의 알레이 버크급 구축함
을 능가하는 난창급 구축함은 2021년까지 4척이나 취역했으며,
2022년까지 2척 더 취역할 예정이다. 전자전에 대비하여 J-16D, 정
찰능력 향상을 위해 고고도 무인정찰기 WZ-7도 개발했다. 중국은
2007년 1월 기상위성 요격 실험에 성공하면서 저궤도 위성 요격 능
력을 입증했다. 미국과 러시아, 인도 등의 ICBM 공격을 막아낼 수
있는 기술을 확보했다는 뜻이다. 중국은 미국의 미사일방어MD 시
스템 무력화 등을 위해 2021년 7월, 8월 잇달아 부분궤도폭격체계
FOBS를 이용한 핵무기 탑재 가능 극초음속활공비행체HGV 추진용 로
켓 발사 시험을 실시했다. 이는 활공비행체에서 다시 미사일을 발
사하는 무기체계이다. 미국은 이를 소련과의 우주 로켓 개발 경쟁
에서 뒤쳐졌던 '1954년 스푸트니크 순간'Sputnik Moment에 비유했다.
2012년 6월 중국 유인우주선 선저우 9호는 독자 우주정거장 톈궁
1호와 수동 도킹에 성공했다. 2013년 12월에는 창어 3호가 달에 착
륙했다. 2019년 1월에는 세계 최초로 달의 뒷면에 창어 4호가 착륙
했다. 중국은 2021년 5월 화성 탐사선 톈원을, 10월에는 태양탐사

선 시허를 발사했다. 텐원의 경우 세계 최초로 화성 궤도 진입과 착륙, 지표면 탐사를 한꺼번에 해냈다. 중국은 선저우 13호를 발사하는 등 텐궁 완공에도 매진하고 있다.

해양활동도 괄목할 만하다. 중국은 2011년 9월 제1호 항공모함항모 랴오닝함을 실전 배치한 데 이어, 2019년 12월에는 제2호 항모 산둥함을 취역시켰다. 중국은 다롄과 상하이에서 3, 4, 5, 6호 항공모함을 추가 건조하고 있다. 중국은 2014년~2018년간에만 무려 68만t의 함정을 찍어내듯이 건조했다. 여기에는 6척의 전략 핵잠수함과 중국 버전 이지스함이라 불리는 052D형 구축함 20척도 포함된다. 2021년 현재 중국의 전함 수는 미국보다 60여 척이 더 많은 355척에 달한다. 2025년까지는 420척으로 늘어날 것이다. 하지만, 해군은 고도의 기술력과 전투 노하우가 필요한 기술군이다. 함정 수만 많다고 강해지는 것이 아니다. 1차 세계대전이 끝나가던 1919년 6월 영국 오크니제도 스캐퍼 플로Scapa Flow만에서 벌어진 독일 함대 자침사건 같은 일이 중국 해군에게도 일어날 수 있다. 중국 해·공군력은 미·일 등 해양세력에 비해 아직 약한 터라 방어적 군사교리 「현존함대fleet-in-being A2/AD 전략」을 채택, 적국 함대를 원거리에서 공격할 수 있는 사거리 1,200~5,500㎞의 지대함·공대함·함대함 등펑DF 미사일 개발에 집중하고 있다. 미국과 영국, 호주 등의 군함들은 '항행의 자유 작전'FONOP 이름으로 종종 타이완 해협을 통과항행하고 있다. 미국 군함의 타이완 해협 통과는 중국의 A2/AD 전략과 정면 충돌한다. 중국은 이 전략의 실효성을 담보하기 위해, 북부 랴오닝遼寧에서 중부 저장浙江, 남부 광시廣西까지의 해안, 그리고 칭하이와 쓰촨, 간쑤, 헤이룽장 등 내륙 곳곳에 여러가지 사거리의 둥펑 미사일을 배치해 놓았다. 미국과 일본, 호주, 영국, 프랑스, 한국 등 함선의 중국 연안 접근을 DF 미사일로 저지하겠다는 것이다. 중국은 내륙 깊숙한 신장 등에 ICBM 기지도 건설하고 있다. 이는 난양허난이나 웨이난산시, 톈수이간쑤 ICBM 기지가 동중국해와 남중국해에서 활동하는 미국 해·공군의 공격에 취약하기 때문이다. 중국은 2049년까지 세계 일류 군대 양성을 목표로 하고 있다. 2035년까지는 항모전단 6개 보유 등 적어도 동아시아−서태평양 지역에서는 미국과 군사적으로 대등하게 맞서겠다는 목표도 갖고 있다. 중국은 궁극적으로 서태평양 제1, 2, 3 도련선으로부터 미국의 군사적 영향력을 배제하려 한다.

일본

일본은 해·공군 중심으로 군사력을 증강하고 있다. 일본은 원자로용 농축우라늄을 추출하는 다수의 원심분리기, 연 800t에 달하는 플루토늄 폐연료봉 재처리 능력을 갖추고 있다. 일본은 히로시마급 핵폭탄 5,500개를 만들 수 있는 핵분열성 플루토늄^{Pu} 50여t 이상을 확보했다. 또한 게코−XII라는 이름의 핵융합장치와 핵탄두 탑재가 가능한 최첨단 M−V 로켓도 보유했다. 로켓 기술은 세계 최정상급이다. 미국의 지원으로 ICBM 개발에 필요한 데이터도 충분히 축적했다. 일본은 지구로부터 3억㎞ 떨어진 소행성에 무인 탐사선 하야부사II를 착륙시킬 정도로 뛰어난 우주기술을 갖고 있다. △핵물질 △핵무기 기술 △핵무기를 운반할 미사일 기술 등 핵무장에 필요한 모든 것을 이미 확보한 상태다. 일본은 1930년대 세계 최초로 항공모함을 실전 배치한 나라이다. 냉전시기 일본 해상자위대가 소련 극동함대의 태평양 진출 저지 임무를 담당했을 정도로 일본의 해상전력은 막강하다. 일본은 중국 항모에 대항하고자 2011년 3월 헬기 이·착륙이 가능한 1만t급 이세함 등 전함 2척을 실전 배치했다. 2017년 7월에는 13억 달러를 투입하여 건조한 최신형 이지스 구축함 '마야'를 진수했다. '마야'의 전투력은 미국의 최신예 스텔스 구축함 줌월트에 맞먹는다. 일본은 신형 구축함 47척을 확보할 계획이다. 일본은 2020년 3월 경항모급 2만 7,000t 호위함 이즈모를 실전 배치했다. 일본 해상자위대는 2021년 10월 헬기와 수직이착륙기 F-35B 탑재가 가능한 이즈모 경항모에서 전술 운용시험을 실시했다. 앞으로 총 4척의 경항모를 추가 건조할 계획이다. 일본은 미국으로부터 수직이착륙형 F-35B를 포함한 스텔스기 F-35 105대를 더 도입할 예정이다. 2030년까지는 F-35 147대를 확보할 것이다. 일본은 '하늘의 암살자'로 불리는 MQ-9 리퍼 무인기의 최신형이자 체공시간 40시간 이상으로 해상감시에 특화된 MQ-9B도 도입했다. 미쯔비시 중공업은 스텔스 기능을 갖춘 일본산 전투기 개발에 나섰다. 미쯔비시 중공업은 사거리 1,000㎞ 이상의 순항미사일도 개발하고 있다. 일본은 2014년 7월 각의 결정을 통해 평화헌법 9조를 재해석하여 집단적 자위권 행사가 가능하도록 했다. 일본은 9조 개정도 추진하고 있다. 일본은 베트남, 필리핀, 말레이시아 등과 방위장비협정을 체결하여, P1 초계기와 C2 수송기 등을 이들 국가에 공급하고 있다.

전시작전통제권 회복

　중국, 북한(사실상)은 핵보유 국가이고, 일본은 단기간 내 핵무장할 수 있는 능력을 가진 나라이다. 우리나라는 재래식 군사력 측면에서도 중·일에 비해 취약하다. 우리는 미국과 북대서양조약기구NATO식 핵 공유 방안과 함께 자체 핵무장 가능성을 열어 놓아야 한다. 탄소중립 이행을 위해서는 물론 핵 추진 잠수함 건조라는 군사안보 측면에서도 탈원전脫原電 정책의 유효성을 재검토해야 한다. 우리는 군사정보 획득과 취합 능력이 크게 부족하다. 우리 군은 미군의 정보 자산에 크게 의존하고 있다. 정보 분야 전문성 부족 문제를 해결해야 한다. 국제위기그룹ICG은 2014년 8월 보고서에서 우리 민·군 정보기관의 지나친 정치화와 전문성 결여를 신랄하게 지적했다. 더 큰 문제는 일부 지도층 인사들이 미국 지원 없이 우리 힘만으로는 나라를 지킬 수 없다는 대외 의존주의에 빠져 있다는 점이다. 6.25 참전 한·미 장군들과 『가장 추운 겨울The Coldest Winter』의 저자 핼버스탬David Halberstam 등에 따르면, 6.25 전쟁 시기 실전 경험이 풍부했던 중국군은 화력이 약하고 전략·전술 이해도도 낮은 한국군을 상대로는 불가능해 보이는 작전도 감행했다 한다. 1951년 5월 중공군 9병단20, 26, 27군단으로 구성 1개 대대 병력이 우회迂迴하여 강원도 인제군 현리 후방의 오마치五馬峙·오미재를 점령했다. 인제군 상남면 현리에 집결해 있던 한국군 3군단사령관 유재흥, 국방장관 역임 병력은 적군의 후방 출현에 공포를 느끼고 자멸했다. 현리 전투 참패로 인해 5,000명 이상의 병력이 사살되거나 포로가 되어 북한으로 끌

려갔다. 현리 전투에 이은 하진부리 전투 참패로 3군단은 해체되었다. 포로 대다수는 북한군으로 편제되었다. 1994년 탈북한 고故 조창호 중위도 이 때 포로가 되었다. 이 전투는 전시작전통제권이 미국으로 넘어가는 계기가 되었다. 현리-하진부리 전투는 임진왜란 때 용인 광교산 전투1592년와 칠천량해전1597년, 병자호란 때 경기 광주 쌍령 전투1637년와 함께 우리 근현대사 4대 패전 중 하나로 꼽힌다. 광교산 전투 시 조선군 2~3만 명이 왜군 1,600여 명에게 패해 궤주潰走했다. 쌍령 전투 때는 조선군 1만여 명이 청군 4,000~5,000 기騎에게 궤멸당했다.

우리는 6.25 전쟁 후 미국의 정치·경제·군사적 우산 아래 살아왔다. 우리군은 강력한 해·공군력을 갖추고 전시작전통제권을 행사해온 미군의 지원 아래 육군 중심으로 발전해 왔다. 육군이 인사, 조직, 예산, 무기체계 획득 등 모든 측면에서 해·공군을 압도하는 군대가 되었다. 북한과 대치하는 상황에서 미군과 국군 사이에 일종의 분업 체계가 생겨나고, 이에 따라 해·공군 분야가 경시된 것이다. 이에 따라, 국군은 하드웨어와 소프트웨어는 물론 정신력 측면에서도 미군에 과도하게 의존하게 되었다. WPWashington Post지 우드워드 Robert Woodward 기자의 책『격노Rage』에 의하면, 김정은은 2019년 6월 북·미 판문점 정상회동 후 트럼프에게 보낸 서한에서 "한국군은 현재든 미래든 북한군의 상대가 되지 못하는 것이 진실이다."라고 말했다 한다. 과장誇張이겠지만, 김정은조차 우리 군을 공포로 느끼지 못한다는 것은 심각한 문제이다. 트럼프는 "미국이 허용하고 allow 있기 때문에 한국이 존재하고 있다."라는 망언을 했다. 이와 같이 우리가 무시당하는 가장 큰 이유 중 하나는 우리 군이 전투와 전쟁을 독자적으로 기획·수행할 수 있는 전략적 기능을 갖고 있지 못하기 때문이다. 인구 900만 명의 작은 나라 이스라엘이 독자적으로 전쟁을 기획, 수행할 수 있는 능력을 갖춘 것과 대비된다. 우리 군은 2020년 9월 22일 우리 공무원 1명이 서해 NLL 북측 바다에서 사살당하고, 시체는 불 태워지는 데도 지켜보기만 했다. 행동할 줄 모르는 군대는 말벌hornet만큼도 무섭지 않다. 우리 군 지도부가 골프golf를 치면서 월급 날짜와 진급만 바라보는 샐러리맨으로 변했다는 말이 나온다. 우리 군이 이렇게 된 원인 중 하나로 6·25 전쟁과 베트남 전쟁 이후 생사가 달린 군사작전을 제대로 못해 보았다는 점을 지적할 수 있다. 전시작전통제권이 전환된다 해서 한미동맹이 종식되거나 주한미군이 철수하는 일은 발생하지 않는다. 전시작전통제권과 관련, 한국 주도 한미연합사 창설 포함 군사 효율성을 저해하지 않는 전시작전통제권 행사 방법을 찾으면 된다. 한·미 두 나라는 2014년 10월 개최 제46차 한·미 안보협의회SCM에서 ①한국군의 연합방위 주도 핵심군사능력 확보, ②북한 핵·미사일 위협 대비 초기 필수 대응능력 구비, ③안정적인 전시작전통제권 전환에 부합하는 한반도 및 지역 안보환경 관리라는 3가지 전시작전통제권 전환 조건에 합의하고, 1단계 미래연합사령부 기본운용능력IOC, 2단계 완전운용능력FOC, 3단계 완전임무능력FMC의 검증·평가 절차를 추진해 나기로 했다. 당초 2012년 4월까지 이행하기로 했던 전시작전통제권 전환을 무기 연기하기로 한 것이다. 당초 계획대로 전시작전통제권을 전환했더라면, 군을 포함한 국민 모두가 우리 힘으로 북한 포함 외부의 침공을 막을 역량을 갖추어야 한다는 점을 깊이 인식했을 것이다. 한·미는 2017년 10월 개최된 SCM에서 전시작전통제권 전환을 (시간을 정하지 않고,) 조속히 실현하기 위한 노력을 경주하기로 합의했다. 그런데, 2019년 하반기 한·미 연합지휘소훈련 CCPT에서 IOC 검증·평가를 마쳤으며, 2020년 하반기 훈련에서는 COVID-19 여파로 인해 FOC 검증·평가가 일부만 이행됨에 따라 2022년까지 전시작전통제권을 전환하는 것은 불가능하게 되었다. 미국은 2020년 10월 개최 제52차 SCM에서 '특정한 시한을 정하여 전시작전통제권을 전환하는 것은 군사적으로 위험하다.'는 입장을 표명했다. 2021년 12월 2일 서울에서 개최된 제53차 SCM에서도 전시작전통제권 전환 문제에는 큰 진전이 없었다. 미국은 아직 전시작전통제권을 한국에 넘겨줄 의사가 없다. 미국은 1950년 7월 유엔안보리 결의84호에 의해 창설된 주한 유엔군사령부 유지도 원한다.

전투·전쟁 기획 능력 확보

안보 환경이 우리 못지않게 열악한 이스라엘군에는 위기에 대한 절박함이 살아 숨 쉰다. 반면 한국군에는 전쟁은 일어나지 않을 것이며, 일어나더라도 미군이 존재하는 한 괜찮을 것이라는 생각이 일부 장성들을 중심으로 퍼져있다. 한·미 군사동맹을 활용하는 것과 미국에 우리의 생존을 맡기는 것은 다른 문제이다. △현리 전투 △쌍령 전투 △(수원-용인) 광교산 전투 △칠천량 해전의 지휘관을 닮은, "한국군만이 1대 1로 북한군과 싸우면 한국군이 진다."고

'용감하게' 말하는 장성이 있으면 물러나야 한다. 미군이 전시작전 통제권을 행사할 경우 북한은 물론 중국을 상대로 한 군사적 억지력 deterrence 측면에서는 도움이 될 것이다. 1990년대까지라면 모르겠으나 중국이 부상한 반면 미국이 상대적으로 쇠퇴하며, 일본도 전쟁할 수 있는 나라로 바뀐 지금 국가 운명과 직결된 안보를 앞으로도 계속 미군에만 맡겨 두겠다는 생각은 위험하다. 미국 사회 일각에서 주한미군과 주일미군 감축·철수는 물론, 굴기崛起한 중국군에 대한 대응으로 미군의 제3도련선남태평양·하와이 라인 이동 후퇴조차 거론되는 것이 현실이다. 한반도에 다시 전쟁이 일어나면 한반도와 치명적 안보 관계를 가진 중국, 일본은 반드시 파병하게 되어있다. 중국은 역사적으로 한반도, 특히 북한 지역이 미국, 일본 같은 해양세력 영향 아래 들어가는 것을 우려해 왔다. 6·25 전쟁 시 중국은 유엔군이 인천상륙작전에 성공하고, 38선을 돌파할 기미를 보이자 본격적으로 파병을 준비했다. 그리고 연인원 240만여 명을 파병했다. 한반도 통일은 중국의 외곽 방어선인 북한의 소멸을 의미하며, 미군이 북한 지역에 진주할 수 있다는 것을 뜻한다. 중국은 전시 미군의 지휘를 받게 되는 한국군현역 55만 명+예비군 280만 명이 타이완 해협 전쟁에 관여할 가능성도 우려하고 있다.

스스로 지키려 하지 않는 자, 그 누가 도우려 하겠는가?

자주自主·자강自强 의식 없이는 자기 안보도 확보할 수 없다. 마키아벨리는 "스스로 지키려 하지 않는 자, 그 누가 도우려 하겠는가?"라고 했다. 지도자들이 자주·자강 의식을 갖지 않고서는 전시 작전통제권을 전환하더라도 군대를 제대로 운용할 수 없다. 자주· 자강 의식 없는 나라는 동맹이나 심지어 제대로 된 적敵조차도 될 수 없다. 전시작전통제권 전환에 대비, 해·공군력 증강, 정보 능력 등을 강화해야 한다. 해·공군력과 정보 자산을 미군에 절대 의존하고 있는 육군 중심 체제에 길든 군대로는 현대화한 중국군이나 일본군은 고사하고 핵과 미사일로 무장한 북한군도 제대로 상대할 수 없다. 변화한 안보 환경에 맞추어 육군 병력 수는 줄이고, 해·공군 병력 수는 늘리는 방향으로 육·해·공군 구조를 조정하고, 육군 병력 감축으로 절감한 예산을 육군 현대화와 함께 해·공군력 증강에 사용해야 한다. 징병 대상 18세 남성 인구는 2020년 26만 5,000명으로 줄어들었다. 유사시에 대비, 280만 명 규모로 예비군을 유지하기 위해서는 여성 징병 방안도 검토해야 한다. 극단적 위기 시 (세계지도에서) 평양과 베이징, 도쿄를 지울 수 있을 정도로 강력한 미사일 공격 능력도 확보해 두고 있어야 한다. 상대국 지휘부에 공포감을 심어주어야 전쟁이 발생하지 않는다. 지휘 효율을 기하기 위해 미군, 독일군, 이스라엘군 등에 비해 필요 이상으로 비대해진 군 상층부도 획기적으로 조정해야 한다. 우리 군은 2019년 1월 제1 야전군사령부강원도 담당와 제3 야전군 사령부경기도 담당를 지상작전사령부로 통합했다. 교통, 통신은 물론 기계화 정도도 과거와 비교할 수 없게 발전한 지금 사령부→군단→사단(여단)→연대→대대 편제도 사령부→군단→여단→대대 편제로 보다 슬림화cut back해야 한다. 삼성, LG, 현대-기아, 그리고 영화봉준호, 박찬욱, 황동혁와 대중음악BTS, 블랙핑크,

싸이 등이 치열한 경쟁을 통해 세계적 수준에 올랐듯이 국군도 미군에 대한 의존에서 벗어나야 스스로 전투와 전쟁을 기획·실행할 수 있는 능력을 갖출 수 있게 될 것이다.

사드THAAD, 군사정보보호협정GSOMIA

(1) 사드THAAD

미국 미사일 네트워크의 한 부분인 사드Terminal High Altitude Area Defense는 명칭이 말하듯이 △일정 지역area에 주둔한 병력과 군 장비 보호 등을 위해, △적국이 발사한 탄도로켓 추진력으로 대기권을 넘어 비행하다가 최종적으로는 자유 낙하하는 미사일을 △마지막terminal 고고도40-150㎞ 자유낙하 단계에서 요격 미사일로 맞추어 파괴hit-to-kill하는 미사일 방어시스템을 말한다. 사드 1개 포대는 ①레이더AN/TPY-2 레이더, ②발사대 6대1대당 6기의 미사일 장착, ③통제시스템으로 구성되어 있다. 사드는 주한 미군 병력과 장비, 그리고 부산과 진해 포함 외부 증원군 도착 시설 등을 적국의 단·중거리 미사일 공격으로부터 방어하는 것이 목적이다. 북한 미사일 공격으로부터 미군 방어와 함께 고성능−광대역X밴드 레이더를 활용한 중국 전략시설핵·미사일 시설 등 탐지가 목적이라는 주장도 있다.

중국이 사드 한국 배치에 강력히 반발한 이유는 △베이징−톈진 등 수도권을 포함한 중국 핵심 군사 시설의 움직임이 그대로 노출되게 되어 안 그래도 약한 중국의 대對미국 억지력이 더 약해지고, 이에 따라 비대한 육군 병력 감축 포함 군 현대화를 추진하지 못하게 되는 등 미국과 불요한 군비경쟁에 빠져들 수 있으며, △한국이 미국 주도 미사일방어체계MD나 한·미·일 군사동맹체제에 편입될 수 있고, △박근혜의 천안문 망루외교 등을 통해 중국편이 되었다고 본 한국이 다시 미국편을 드는 것으로 비추어져 시진핑의 권위에 타격을 입은 때문이었던 것으로 보인다.

미국은 중국의 동아시아−서태평양 방면 팽창을 우려하여, 중국에 영토에 가장 근접한 유라시아 대륙의 동쪽 끝단 한국에도 사드를 배치해 놓았다. 2016년 사드 한국 배치 후 경제 제재 포함 중국의 강력한 압력에 직면한 한국은 2017년 10월 '1637년 1월 삼전도三田渡 삼궤구고두三跪九叩頭'와 같은 치욕적인 자세로 중국에 '3불不 원칙'을 표명했다. 3불 원칙은 △사드 한국 추가 불不배치 △미국 주도 MD 불참 △한·미·일 군사동맹 불가 등이다. 이로써, 중국의 대對한국 제재 일부가 해제되었다. 3불 원칙을 표명한 것은 우리 국가 원수가 2015년 9월 천안문 망루에 오른 것

및 2017년 12월 '중국은 큰 봉우리, 한국은 작은 나라'라고 말한 것과 함께 대표적 실책으로 회자膾炙된다.

(2) 군사정보보호협정GSOMIA

일본은 미국을 배경으로 한국을 하위 파트너로 삼아 중국에 대항하는 한·미·일 군사협력시스템을 만들려 한다. 이를 위해 동원된 것이 한·일 군사정보협정GSOMIA 이다. '체약 상대국으로부터 제공받은 군사정보를 제3국에 알려주어서는 안 된다.'는 요지의 GSOMIA는 2016년 11월 23일 미국 후원 하에 재협상을 시작한지 1개월도 채 안되어 속전속결로 처리되어, 우리 국방장관과 주한 일본대사 서명으로 발효되었다. 우리나라는 러시아 포함 24개국과 GSOMIA를 체결하고 있지만, 일본과 GSOMIA를 체결하는 과정에서 대對국민 설명이 부족했다.

일본과 군사정보를 교환할 필요성은 있다. 일본은 정보수집위성 5기, 이지스함 6척, 탐지거리 1,000㎞ 이상의 지상레이더 4기, 조기경보기 17대, 해상초계기 77대 등 막강한 정보자산을 보유하고 있기 때문이다. 하지만 GSOMIA는 양날의 칼이다. 북한과 중국, 러시아의 움직임에 대한 정보 획득에는 도움을 줄 수 있지만, 일본 자위대의 한반도 진출 단서도 제공해 줄 수 있기 때문이다. 미국은 한반도 유사시 병력 69만 명, 군함 160척, 항공기 2,000 여대 등을 증파할 계획을 갖고 있다. 한·일 GSOMIA가 있어야 미국은 군사력 한반도 증파 시 일본의 항구와 공항 등 기간 시설을 쉽게 이용할 수 있다. GSOMIA 동결 문제와 관련 미국이 우리 정부에 부정적 입장을 표명한 것은 바로 이 때문이었다. 정부는 GSOMIA에 대한 미국의 엄중한 입장을 감안, 2020년 9월 6일 별다른 조치를 취하지 않음으로써 GSOMIA 효력을 지속시켰다.

GSOMIA 다음 수순은 한·일 상호군수지원협정ACSA 체결이라는 관측이 있었다. 2012년 한·일 정부는 GSOMIA와 ACSA 병행 체결을 추진했다. 하지만 '밀실 추진' 논란으로 인해 GSOMIA 체결이 무산되면서 ACSA 논의도 자연스레 묻혔다. ACSA는 한반도 유사시 일본군자위대 수송기나 함정 등이 한반도에 투입되는 법적 근거로 이용될 수 있다. 군수물자를 주고받으려면 협정 체결국 간 군사비밀에 대한 정보교환이 불가피하다. 군수물자 교환을 위해서는 협정 체결 상대국 공항과 항만 등의 위치에 대한 정보를 미리 알아야하기 때문이다. 두 협정을 따로 떼어놓는 것이 불가능하다는 점에서 GSOMIA와 ACSA는 '이란성 쌍둥이'라 할 수 있다. 우리는 해양세력 일본이 텐진 조약을 빌미로 1894년 조선에 파병하고, 청·일 전쟁과 러·일 전쟁을 일으켜 조선을 병탄한 것이 남·북 분단과 6.25 전쟁, 분단 고착화로까지 이어진 것도 잊지 말아야 한다.

중국의 도전^{Challenge},
미국의 응전^{Response}

지구는 (1)태평양, (2)대서양, (3)인도양, (4)남극해, (5)북극해와 ①유럽주, ②아시아주, ③아프리카주, ④남아메리카주, ⑤북아메리카주, ⑥대양주, ⑦남극Antarctica 등 5대양大洋 7대주大洲로 구성되어 있다. 군사안보 측면에서는 지구 범위에 하늘 및 우주와 사이버 공간도 포함시켜야 한다. 서로 연결된 5개의 바다와 달리 일부 육지는 분리되어 있다. 유럽과 아시아는 유라시아 단일 육괴陸塊로 구성되어 있으며, 아프리카도 유라시아와 좁은 목시나이 반도으로 연결되어 있다. 유라시아, 아프리카 등과는 태평양과 대서양으로 분리된 남·북 아메리카 역시 단일 육괴로 구성되어 있다. 오세아니아의 섬들은 남태평양 각지에 흩어져 있다. 아프리카는 유라시아의 배후지 Hinterland 역할을 해 왔으며, 근대 이후 줄곧 영·프나 미국 같은 세계

제국의 영향력 아래 놓여왔다. △20세기 전반까지는 영국과 프랑스 △20세기 후반부터는 미국과 소련 △21세기 들어서는 미국과 중국, 인도, EU 등이 아프리카에 대한 영향력을 놓고 각축을 벌이고 있다. 중국 외교부장이 새해 첫 번째로 방문하는 대륙은 1991년 이래 32년째 아프리카다. 국제세력관계에 비추어 볼 때, 아프리카를 지배하는 나라가 바로 세계 패권국이라는 말은 크게 틀리지 않다.

중국의 도전

중국은 아메리카 대륙 핵심지역을 모두 차지하고 있는 미국과 함께 거대한 육지와 해양으로 팽창할 수 있는 비교적 좋은 조건의 긴 해안선약 14,500㎞을 갖고 있다. 21세기가 중국의 세기가 될 수 있다는 말이 나오는 것은 중국이 이와 같이 양호한 지리적 여건을 갖고 있기 때문이다. 저명한 지리학자 맥킨더Halford John Mackinder는 1904년 『역사의 지리적 중심축The Geographical Pivot of History』에서 중국을 성장 잠재력이 매우 큰 나라로 보았다. 맥킨더는 중국의 유라시아-태평양 패권 추구는 "황화黃禍·Yellow Peril, Gelbe Gefahr를 불러올 수도 있다."고 말했다. 그는 "중국은 세계 자원에 접근할 수 있는 긴 해안선을 갖고 있는 반면, 러시아는 이런 이점을 누리지 못하고 있기 때문이다."라고 덧붙였다. 맥킨더는 중국이 러시아를 정복할지 모른다고까지 우려했다.

중국은 지난 40여 년 간 연평균 9.6%의 급속한 경제성장을 이룩했다. 2021년 중국 GDP16.7조 달러는 미국 GDP22.7조 달러의 약

74%에 달할 것으로 추산된다. 화웨이로 대표되는 5G 무선정보 통신과 빅데이터BD 기술은 세계 최고 수준에 도달했다. 2020년 COVID-19 확산 이후 중국은 △홍콩 보안법 도입 △위구르족과 티베트족 인권 탄압 △남중국해, 타이완 해협, 인도와의 국경선 분쟁 등과 관련 전량외교戰狼外交로 상징되는, 공격적인 외교정책을 펴고 있다. 중국은 무단정치를 했던 전국시대 진秦과 같은 형태를 보이고 있다. 한편, 중국공산당CCP은 중국이 가진 장점들을 성공적으로 조합해 내었다. 서구 기술합리성과 고대 아시아의 수리문명hydraulic civilization·동원력을 적절히 결합시켜 놓았다. 중국은 CCP의 중앙집권적 통제 덕분에 싼샤댐이나 홍콩, 마카오, 주하이를 연결하는 세계 최장 55㎞ 길이 강주아오대교港珠澳大橋 같은 거대 사회기반시설을 건설하기 위해 수백만 명의 노동력을 쉽게 활용할 수 있다. 중국의 역동성은 '일대일로一帶一路'라는 미국 포위를 위한 제국주의적 imperialistic 야망으로 이어진다. 제국은 유기적으로 성장한다. 제국이 성장하면, 새로운 불안이 배양된다. 불안을 느낀 제국은 더 팽창하려 한다. 이것이 바로 19세기, 20세기 전반기까지 미국과 러시아제국, 독일 제2제국, 군국주의 일본, 파시스트 이탈리아 등이 보여준 공격적 현실주의offensive realism이다.

미국은 19세기 이래 매우 멀리 떨어진 지역에서도 경제적·전략적 이익을 추구했다. 미국은 카리브해 포함 중남미와 일본, 필리핀, 한국대동강 침공, 신미양요 등에서 군사행동을 감행했다. 미국은 내부를 통합해 놓고 있었기 때문에 쉽게 팽창정책을 취할 수 있었다. 중국은 21세기 초에 들어와서야 티베트와 신장, 네이멍구 등 변방을 통합하고, 동남아와 남중국해, 중앙아시아 등 외부로 눈을 돌리기 시작했다. 중국은 1세기 전 미국만큼이나 공격적이지만, 그 이유는 조금 다르다. 미국과 달리, 중국은 이데올로기를 전파하려는 등 선교적missionary 접근은 하지 않는다. 미국은 국제문제에서 도덕적 이상을 추구했으나, 중국은 그렇지 않다. 중국의 대외정책은 주로 14억 명이나 되는 국민의 생활수준 향상을 위해 필요한 에너지와 금속, 전략적 광물 확보와 함께 무역·투자 시장을 확장하려는 목적으로 추진된다. 그 다음 목적이 동아시아-서태평양 헤게모니Hegemonie 장악이다. 중국은 자원이 풍부한 중동, 아프리카, 남아메리카 국가 다수와 좋은 관계를 유지하고 있다. 중국은 민주콩고자이레, 앙골라, 탄자니아, 이디오피아 등에서 확고하게 자리 잡았다. 중국은 아프리카와 남아메리카 광산 개발에 적극 투자, 전 세계에서 유통되는 전자제품과 전기차 배터리의 핵심 원자재인 코발트의 82%, 리튬의 59%를 장악했다. 한국은 코발트와 리튬 자급률이 0%로 대부분 중국에서 수입하고 있다. 마그네슘100%과 텅스텐94.7%, 요소97.6%의 중국 수입의존도 역시 매우 높다.

남중국해, 말래카 해협, 인도양은 석유와 천연가스가 풍부한 페르시아만과 중국을 연결하는 주요 수송로이다. 중국은 미국과 일본, 때로는 EU, 인도와 베트남, 한국, 타이완과도 갈등하고 있다. 중국은 미국과의 신냉전에 대비, 홍콩과 타이완, 신장, 남중국해, 인도와의 전선 등에서 초강수를 두었다. 제한적 열전熱戰 가능성도 완전히 배제할 수 없다. 통상과 기후변화, 수자원 배분 등의 문제도 있지만, 중국의 도전은 1차적으로 지정학적이다. 중국은 주로 경제이익 확보를 위해 동아시아-서태평양 지역에서 자국에 유리한 방향으로 세력균형을 변화시키려 한다. 중국은 미국에 맞서 1:1 각개 격파 전략인 연형책연횡책·連衡策을 추구하고 있다. 중국의 유라시아-서태평양에 대한 영향력은 중앙아시아에서부터 남중국해까지, 극동러시아에서부터 인도양까지 확장되고 있다. 미국에 비해 아직 군사력이 약한 중국은 타이완 문제 등과 관련 대내외적으로 말은 요란하게 하지만, 가급적 미국과 정면으로 부딪히려 하지는 않는다. 중국은 당분간 더 타이완 문제에 대해서도 싸우지 않고 이기는 하이브리드 전쟁즉, 손자孫子의 「비전론非戰論」 입장을 고수할 것이다.

미국의 응전

먼 바다로까지 해·공군력을 투사하려는 중국의 시도에는 한계가 있다. 중국은 주로 둥펑DF 미사일과 홍H·轟 폭격기를 동원하여 미국과 일본, 영국, 프랑스, 독일, 호주, 인도 등 함대의 중국 연안 접근을 막으려 한다. 하지만, 중국은 아직 자국 해저 케이블도 충분히 보호할 만한 해·공군력을 갖고 있지 못하다. 미 해군은 서태평양과 인도양, 말래카 해협에서 중국의 석유, LNG 운반선들을 나포하여 세계 제1의 에너지 수입국 중국의 에너지 네트워크에 타격을 가할 수있다. 중국은 핵·미사일 무장력과 항모, 잠수함, 무인기 포함 공군력 등 측면에서 아직은 미국과 비교 불가능하다. 중국은 미국 전함의 중국 연안 접근을 차단할 능력이 없으면서 왜 도전하고 있는 것일까? 이는 '군사력military strength의 유리한 배치'를 이루어 냄으로써, 군사력을 동원할 필요조차 없게 만들기 위해서이다. 중국의 군사력 과시, 서태평양과 인도양에 항구와 정보센터 건설, 그리고 일부 동남아, 서남아 국가들에 대한 군사원조는 더 이상 비밀도 아니다. 이 모든 것은 국력 과시의 일환이다. 중국은 미국과 드러내놓고 직접 싸우기 보다는 미국의 행동에 영향을 미쳐 군사 대결을 피하려 한다. 중국은 남중국해의 심장 하이난다오 남부 싼야에 해군기지를 건설했다. 위린에는 전략 핵잠수함 기지를 건설해 놓았다. 싼야 해군기지는 원자력과 디젤 추진 잠수함 20여 대 이상을 수용할 수 있는 지하시설을 갖고 있다. 중국은 융싱다오 포함 남중국해 소재 파라셀시사군도와 스프라트리난사 군도 산호초에 모래와 자갈, 시멘트를 부어 활주로와 병영兵營을 건설해 놓았다. 중국식 '먼로 독트린' 이다.

지금 중국은 미국과 전쟁할 의사를 갖고 있지 않은 듯하지만, 중국이 더 강해지면 바뀔 수 있다. 미국에 도전할 수 있다. 유라시아 주변 안보상황은 2차 대전이 끝난 1945년부터 6·25가 발발한 1950년까지 5년간보다 더 복잡하다. 중국의 경제력과 군사력은 강화되고 있는 반면, 미국의 경제력은 상대적으로 약화되고 해·공군력 확충이 정체하면서, 동아시아에서 다극적 군사질서가 부각되고 있다. 중국은 하이난다오와 남중국해 암초에 각종 군사기지를 확장 중이며, 일본과 한국은 F-35 스텔스기 도입, 중소형 항모 건조 포함 해·공군력 증강을 시도하고 있다. 인도는 대양해군을 건설하려 한다. 각국은 자국에게 유리한 세력균형 구축을 시도한다. 어떤 인도-태평양 국가도 전쟁을 감행할 이유가 없지만, 세력균형에 대한 오판 위험은 시간이 지나면서, 중국과 인도, 일본의 해·공군 전력이 증강될수록 커질 것이다. 육지에서의 긴장은 해양에서의 긴장을 한 층 더 고조시킬 것이다. 미국은 중국과의 갈등을 피하면서도 동아시아-서태평양 지역 안정을 유지하고, 동맹국을 보호하며, Great China의 출현을 저지할 수 있을 것인가? 이는 동아시아-서태평양에서의 세력균형만으로는 충분치 않다. 인도와 일본, 한국, 싱가포르 외교관들은 미국이 제3도련선 너머 국가가 아니라 동아시아-서태평양 육상·해양 세력의 일부가 되어야 한다고 말한다. 미국 국방부펜타곤에 의하면, 미국은 일본, 한국 주둔군 중심 동아시아-서태평양 군사력을 남태평양오세아니아으로 이전할 경우 250척의 함선과 국방비 15%를 감축하더라도 군도 방어 전략을 통해 중국의 도전에 반격을 가할 수 있다 한다. 미국은 남태평양 군도들인 마이크로네시아, 파푸아뉴기니, 팔라우 등 소재 군사시설을 확충할 계획이다. 괌Guam island과 캐롤라인, 마샬, 노스北 마리아나사이판이 수도, 솔로몬 제도는 모두 미국 영토, 또는 미국과 방위조약을 체결한 국가이거나, 방위조약을 체결할 가능성이 있는 나라들이다. 괌은 다롄, 평양에서 비행기로 4시간, 인근 타이완과 오키나와에서 함정으로 2일 정도의 항해거리에 있다. 일부 미국 안보전문가들은 일본, 한국, 필리핀에 기지를 유지하는 것보다 남태평양에 핵심 기지를 건설하는 것이 중국을 덜 자극하게 될 것으로 보는 듯하다.

괌의 앤더슨 기지는 미국이 어느 지역으로라도 쉽게 군사력을 투사할 수 있는 군사령부 소재지이다. 10만개의 폭탄과 미사일, 6,600만 갤런의 제트오일을 비축한 이 공군기지는 세계 최대 전략적 '급유–발진'gas-and-go 시설이다. C-17 글로버마스터 수송기와 고성능 전투기·전폭기들이 활주로를 가득 채우고 있다. 괌은 잠수함 기지이자 미국 주요 해군기지로 발전했다. 괌과 동북쪽 노스 마리아나제도는 일본과 말래카 해협으로부터 거의 같은 거리에 위치해 있다. 그리고 오세아니아의 남서쪽, 즉 호주Australia령 애시모어 제도, 카르티에 제도, 크리스마스섬, 그리고 오스트레일리아 북부 다윈에서 서부 퍼스까지 연안에서는 인도양으로 가는 인도네시아 남부 섬과 바다 모두를 감시할 수 있다. 동아시아–서태평양 주둔 미국 해·공군 주력의 제3 도련선 이동以東 이전은(만약 실행된다면), 부상浮上하는 Great China와의 타협이다. 희생을 무릅쓰고 Great China의 출현을 저지하느냐, 아니면 중국이 제1 도련선에서 경찰 역할을 맡는take over 것을 받아들이느냐 사이의 타협이다. 이는 실현 가능성과는 관계없이, 미국으로 하여금 한국과 일본 등 소재 제1도련선 내 군사기지들을 축소하게 만들 것이다. 한편, 미국은 인도양 내 해·공군력 강화도 추진하고 있다. 이 군사계획은 인도, 프랑스, 영국 등에 의해 운영되는 인도양의 안다만–니코바르인도령, 몰디브, 코모로, 모리셔스의 차고스 제도디에고 가르시아, 르위니옹, 세이셸 소재 군사시설 이용뿐만 아니라, 브루나이와 말레이시아, 싱가포르와의 방위협정 체결을 예상하고 추진된다. 이는 항행의 자유와 에너지 자원의 원활한 이동을 보장할 것이다. 이 군사계획은 일본과 한국 내 미군기지의 중요도를 낮추고, 남태평양오세아니아 전역에서 미군의 활동을 다양하게 만든다. 2012년 자민당이 정권을 탈환한 이래 일본은 미국에 더 밀착해 왔다. 일본은 중국에 대항하기 위해서는 인도–태평양 전략이 필요하다고 미국을 설득했다. 일본은 미국, 인도, 호주와 함께 2019년 QUAD를 창설했다. 일본은 미국과 함께 2020년 10월 26일부터 11월 5일까지 센가쿠尖閣 열도 인근에서 1986년부터 실시해온 연합해상훈련 킨 소드Keen Sword를 확대, 해병대 병력 46,000명이 참가한 가운데 실시했다. 2021년 9월에는 미국, 영국, 캐나다, 뉴질랜드 함대와 함께 오키나와 해역에서 연합해상훈련을 실시했다. 일본은 그해 10월 미국 등과 함께 타이완 근해에서 'QUAD Carrier 연합훈련'도 실시했다. 기시다 총리와 아베 전前 총리 포함 일본 지도부는 중국의 부상에 맞서 일본이 살길은 대對미국 동맹 강화라고 믿고 있다.

중국의 지정학

타이완臺灣 문제

Great China 시대 도래 가능성과 관련 가장 중요한 포인트는 동중국해와 남중국해를 연결하고, 광활한 태평양으로 향할 수 있는 지점에 위치한 타이완臺灣이다. 면적 36,200㎢, 인구 2,340만 명, GDP 7,600억 달러한국의 42%의 타이완은 중국 연안에 떠있는 '불침항모unsinkable aircraft career'다. 미·중 신냉전 시대에 핵잠수함 등 전략무기 운용이라는 측면에서 타이완의 지전략적 가치는 절대적이다. 미국과 일본은 타이완을 발진기지로 하여 상하이와 항저우, 닝보 등 중국 중부 연안에 직접 군사력을 투사할 수 있다. 중국은 실체가 없는 '중화민족'의 이익을 위해 중국을 통일해야 할 의무를 말한다. 그런데, '한족'이 아닌「중화민족」은 역사상 존재하지 않았다. 중국공산당CCP은 '경제성장'과 '중화민족주의'를 CCP의 정통성을 지탱하는 양대 기둥으로 삼고 있다. 미국과 중국은 지금으로부터 26~27년 전인 1995~96년 타이완 해협에서 전쟁을 할 뻔 했다. 클린턴 행정부가 리덩후이 총통의 미국 입국을 허용한 것이 도화선이 되었다. 중국은 타이완 영해에 미사일을 발사하는 한편, 12만 병력을 타이완 해협 맞은편 푸젠성에 배치했다. 위기가 격화하자 미국은 니미츠 항공모함을 타이완 해협으로 보내고, 페르시아만에 있던 제7항모 전대까지 불러들였다. 미국의 해군력 시위에 당황한 중국이 물러서면서 위기가 해소되었다. 2020년 8월 트럼프 행정부의 에이자Alex Azar 보건장관이 타이완을 방문했다. 에이자 장관은 1979년 미·중 수교 이후 타이완을 방문한 최초의 장관급 인사다. 9월 17일에는 크라크Keith Krach 국무부 경제차관이 리덩후이 전前 총통 추도식 참석차 타이완을 방문했다. 중국은 크라크 차관의 타이완 방문을 전후하여 조기경보기, H-6 폭격기, J-10, -11, -16, -20 전투기, Y-8 대잠對潛 초계기 등 연 수백 여 대를 타이완 방공식별구역ADIZ에 진입시키거나 해협 중간선을 넘게 하는 등 장기간 무력시위를 벌였다. 소해함掃海艦을 동원하여 타이완 해협 기뢰 제거 훈련도 실시했다. 극초음속 DF-17 미사일도 푸젠성 등에 새로 배치했다. 타이완 총통 관저를 향해 DF 미사일을 발사할 것이라는 협박도 있었다. 중국은 2021년 10월 국경절 연휴부터 연속해서 J-16, Su-30, Y-8 수송기, Y-8EW 전자전기, H-6 폭격기와 공격용 헬리콥터 등 군용기 연 200여 대를 동원하여, 타이완 서남부 하이난과 타이완,

바시 해협 중간에 위치한 타이완령 프라타스東沙 군도 상공 ADIZ를 집중 위협했다. 2021년 11월까지 신형 공중급유기 Y-20U 포함 중국 군용기 연 700대 이상이 타이완섬 동·서 ADIZ를 침공했다. 중국군이 군사훈련을 빙자하여 프라타스 군도 기습 점령을 계획하고 있다는 보도도 여러 번 나왔다. 중국은 하이브리드 전쟁, 즉 회색지대 grey zone 전술·전략을 채택한 듯하다. EU 회원국인 체크의 비르트르칠 상원의장은 중국의 경고를 무시하고, 2020년 8월 말~9월 초 타이완을 공식 방문, 타이완과의 민주 연대 의지를 표명했다. 2021년 리투아니아는 중국과의 외교관계를 격하했다.

미국은 타이완의 요새화Fortress Taiwan를 추구하고 있다. 미국은 2021년 말 일본과 함께 타이완 유사시에 대비, 새 군사작전 계획을 수립했다. 미국은 이미 타이완에 패트리엇 방공미사일 114기와 수십 대의 첨단 군사통신장비를 판매했다. 미국과 타이완은 2020년 8월 4세대 전투기 F-16V 66대와 M1A2T 탱크 30여대 구매계약을 체결했다. 미국은 타이완 상공에서 중국을 직접 공격할 수 있는 AGM-84H/K SLAM-ER 공대지空對地 미사일, 고속기동포병로켓 시스템HIMARS, 하푼 지대함地對艦 미사일, 해상 감시 드론 포함 7종의 무기체계와 함께 MS-110 정찰포드, LINK-16과 해군 전술 데이터 링크 시스템, 신형 소나와 잠수함 건조기술 등의 타이완 판매를 승인했거나 판매 추진 중이다. 이 무기체계는 중국으로 하여금 타이완 공격 시 자국도 치명적 피해를 입을 수밖에 없게 되리라는 것을 확신시켜 줄 것이다. 미국은 2019년 상반기 이후 연속하여 'FONOP' 이름 아래 태평양함대 군함들로 하여금 남중국해 암초 사이와 타이완 해협을 수시로 통과하게 했다. 영국과 호주, 캐나다 등의 함선도 타이완 해협을 통과 항행했다. 2020년 7월에는 미국 해군 초계기가 타이완 해협 저장성 해안 76㎞ 이원以遠까지 접근했다. 미국은 타이완 해협 전쟁 발발 시 항모航母 투입 가능성도 부인하지 않는다. 중국은 2020년 말 해병대 병력을 8개 여단, 4만 명으로 증강했다. 2021년에는 075형 4만톤급 강습상륙함을 취역시켰다. 이 강습상륙함에는 병력 1,700명과 함재기 30~42대, 공기부양정 4대를 실을 수 있다. 중국은 수천-수만 대의 무인기와 무인기로 개조된 구형 전투기, 그리고 수천 척의 해상민병대 함선도 동원할 수 있다. 미국 육군은 『Military Review』 9-10월호에서 지상군의 타이완 재再주둔 필요성을 주장했다. 2020년 11월 미 해병대 특수부대원 수십 명이 가오슝에 도착, 타이완 해병대와 합동훈련을 실시했다. 2021년 10월 차이잉원 총통은 미군의 타이완 주둔을 확인했다. 타이완은 F-16 전투기 편대를 타이완섬 서쪽 펑후열도澎湖列島로 전진 배치했다. 인도와의 군사협력도 강화하고 있다. 미국은 2020년 10월 무인기 MQ-9 리퍼를 서태평양 지역에 투입하는 훈련을 실시했다. 바이든은 2021년 1월 대통령 취임식에 주미 타이완대표부 대표를 초청하는 한편, 타이완 방어 의지도 표명했다. 미국은 3가지 기준미·중 코뮈니케, 타이완 관계법, 6대 보장도 제시했다. 바이든은 2021년 8월에 이어 10월CNN 인터뷰에도 타이완 방어 의지를 공언했다. 러시아도 중국의 타이완 공격을 지지하지 않는다. 푸틴은 2021년 10월 CNBC 인터뷰에서 중국이 타이완을 군사 공격할 필요없다고 말했다.

중국은 타이완을 경제·사회적으로도 통합하려 한다. 2003년 이래 중국은 타이완의 최대 무역상대국이다. 2021년 현재 타이완의 대對중국 수출의존도는 44.3%에 달한다. 2020년 중국홍콩 제외-타이완 간 무역액은 1,660억 달러에 달했다. 타이완이 388억 달러의 무역흑자를 누렸다. 1990년대 이후 타이완 투자의 80%가 중국을 향했다. 타이완 기업의 2/3가 지난 10년 간 중국에 투자했다. 2020년 타이완 기업의 중국 투자중국 기업의 타이완 투자는 1.3억 달러는 59억 달러에 달했다. 타이완은 중국의 경제 제재에 매우 취약하다. TSMC반도체와 캉슈푸식품 등 중국에 진출한 타이완 기업 일부는 성공했지만, 다수는 중국 기업들의 저가 공세에 시달리다가 차츰 품질과 함께 규모 면에서도 밀리고 있다. 2020년 초 COVID-19 확산 이전 타이완과 중국 본토 사이에는 매주 432편의 항공기가 운항되었다. 중국은 각종 유인誘因을 통해 타이완 인재와 자본을 흡수하고 있다. 2016년 중국-타이완 간 인적교류중국 방문 573만 명, 타이완 방문 361만 명는 934만 명에 달했다. 2016년 차이잉원의 1차 집권 이래 중국-타이완 통합 가능성이 낮아지고 있다. 2020년 발생한 홍콩 사태와 함께 COVID-19 확산 상황에서 재집권한 차이잉원은 경제적 손실을 감수하고서라도 중국에 대한 경제 의존을 낮추는 정책을 실시하고 있다. 미국이 타이완을 포기하고 중국에 넘길 경우, 일본, 한국과 필리핀, 태평양의 다른 미국 동맹국들, 그리고 인도와 몇몇 중동 국가들까지 미국의 동맹국 방어 의지를 의심할 것이다. 이는 이 나라들을 중국에 접근시킬 것이며, 중국의 동아시아-서태평양 지배를 가능하게 할 것이다. 이것이 미국과 타이완이 중국에 반격하기 위해 비대칭적 군사력 확보를 추구해야 하는 이유이다. 비대칭적 군사수단

보유 목적은 타이완에 대한 군사공격은 엄두도 못 낼만큼 비싼 대가를 치르게 될 것이라는 것을 중국에게 각인시켜 주는 것이다. 2021년 3월 여론조사 결과에 의하면, 타이완인들의 94.7%가 타이완인으로서의 정체성을 갖고 있다 한다. 74.9%는 '하나의 중국'에 반대했다.

타이완의 미래는 타이완인의 독립의지와 함께 중국과 미·일 간 줄다리기, 즉 세력균형의 향방에 달려 있다. 타이완이 중국 품으로 돌아가면, 중국 해군은 제1도련선과 마주보는 유리한 전략적 위치에 설뿐만 아니라, 제1도련선 너머로 전례 없는 수준의 군사력을 자유롭게 투사할 수 있게 될 것이다. 타이완이 중국에 통합되면, 동아시아-서태평양 군사질서에 심각한 불균형이 야기된다. 미국 랜드연구소에 의하면, 미국은 2020년대 말에는 더 이상 타이완을 중국의 공격으로부터 방어할 수 없게 될 것이라 한다. 그때쯤이면 미국은 괌의 앤더슨 기지에서 발진한 F-22, F-35 전투기 편대와 2개 항모전단을 투입하고, 한국 평택과 오키나와의 가데나·후텐마·화이트비치, 도쿄 근처의 자마·요코스카·요코타, 큐슈의 사세보 등 일본 내 7개 미군기지 군사력 모두를 활용하더라도 타이완 해협에서 중국군을 격파하지 못할 수 있다. 중국 연안과 타이완 간 거리는 160㎞ 밖에 되지 않는다. 중국이 타이완을 침공하면, 미국은 지구 반 바퀴를 돌아가거나 주한미군, 주일미군과 괌 주둔 군사력을 모두 투입해야 한다. 이 때 주한 미군의 '전략적 유연성'이 논란될 것이다. 미국은 타이완을 직접 군사 지원해야 하느냐, 전략적 모호성을 유지하면서 간접 지원해야 하느냐 고민할 수밖에 없다. 미국이 타이완 방어를 위해 주한 미군 이동·투입과 함께 우리나라에도 군사 지원을 요구해 오는 경우에는 정치·사회 갈등이 격화되어 우리나라가 위기에 처할 수도 있다.

중국의 연형책연횡책과 동남아시아

Great China가 가장 미약하게 저항 받는 곳이 동남아시아다. 베트남만은 예외이다. 베트남은 남·북으로 분단되어 있던 1974년 중국 해군에게 서西파라셀 군도를 빼앗겼으며, 1979년 2월 중국 육군에게 북부지방을 침공 당하기도 했다. 민Pham Binh Minh 베트남 외무장관은 2020년 9월 「동아시아정상회의EAS 외무장관 회의」에서 '남중국해 문제에 대한 미국의 개입을 환영한다.'고 말했다. 중국의 남중국해 암초 장악 시도에 저항해온 베트남은 2020년 들어 중국군의 보하이渤海, 서해, 동해, 동중국해, 남중국해 연쇄 (단독 혹은 합동)훈련에 대항하여 미국, 일본, 인도, 호주 등과의 군사협력을 강화하고 있다. 한편, 라오스와 타이, 미얀마와 중국을 분리하는 지리적 장애는 상대적으로 약한 편이다. 메콩란창강, 샐윈누강, 브라마푸트라야루장포, 송코이홍하 등 동남아·남아시아 대하천 거의 모두가 중국에서 출발한다. 중국과 동남아, 동부 인도는 강물로 연결되어 있다.

인도차이나 모든 국가들과 도로로 연결되는 허브hub는 3세기 초 촉한蜀漢 제갈량이 침공했던 남만南蠻, 즉 윈난성의 성도省都 쿤밍이다. 2021년 12월 쿤밍과 라오스 수도 비엔티엔을 연결하는 고속철도가 개통되었다. 이 철도는 2023년 말 방콕까지 연결될 예정이다. 그리고, 말레이반도를 종단, 싱가포르까지 이어질 것이다. 중국은 1:1 각개 격파라는 연형책을 통하여 이 지역 국가들을 통제하려 한다. 인도네시아 외 동남아시아 최대 영토국가는 벵골만 연안국가 미얀마버마이다. 파키스탄이 분열될 위험을 가진 아시아의 발칸이라면, 미얀마는 중국에 의해 유린될 위험을 가진 아시아의 벨기에라할 수 있다. 미얀마는 중국이 필요로 하는 천연자원을 풍부하게 갖고 있지만, 분열되고 취약하다. 중국은 미얀마 내 (카친 등) 소수민족 반군연합체에 상당한 영향력을 갖고 있다. 중국과 인도는 경쟁적으로 미얀마의 벵골만 항구 시트웨아키아브와 인근 짜욱퓨를 개발하려 한다. 중국에게 있어 로힝야족, 아라칸라카인족 포함 소수민족이다수 거주하는 시트웨 지역은 2013년 6월 완공된 시트웨-쿤밍 파이프라인 보호를 위해서도 반드시 필요하다. 중국은 메콩, 샐윈, 송코이 상류를 차단하여 동남아 국가들을 굴복시킬 수도 있다. 중국은중국-아세안ASEAN 자유무역협정FTA을 통해 아세안과의 무역에서막대한 흑자를 누리고 있다. 카리스마가 부족한 마하라마 10세 국왕이지배하는 타이는 과거처럼 안정적으로 기능하지 못하고 있다. 싱가포르는 주민 대부분이 중국계인데도 불구, 동남아가 중국의 위성으로 전락하게 될까 우려하고 있다. 고故 리콴유 수상은 생전 미국에게 군사적, 외교적으로 동남아에 대한 개입을 유지해야 한다고 촉구했다. 호주를 라이벌로 보는 인도네시아는 미국의 동맹국으로 비추어질 경우, 반미 이슬람 국가들의 분노를 유발할 수 있다는 두려움을 갖고 있다. 동남아에서 미국의 힘이 정점을 지나고, 중국이 부상함에 따라 이 지역 국가들은 중국의 연형책連衡策을 무력화하기 위해 서로 협력하기 시작했다. 하지만, 남중국해 문제에 대한 아세안

회원국들의 단결력은 강하지 못하다. 중국과 가까운 캄보디아는 수시로 베트남에 반대하는 목소리를 내고 있다. 군부 통치하의 사실상 내전 상황에 처한 미얀마는 고립되고 있다. 미국과 일본, 한국, 인도, 호주, EU, 영국 등은 동남아시아 상황을 주시하고 있다. EU를 탈퇴한 영국은 2021년 ASEAN과 11번째 대화상대국 관계를 맺었으며, 첨단 항모 퀸 엘리자베스호를 동아시아 지역에 파견했다. 프랑스와 독일 역시 이 지역에 대한 관심을 배가하고 있다. 한국은 지속적인 기술 혁신과 함께 중국에 대한 과다한 경제의존도25%를 줄여 나가려 한다. 그리고 중국의 배후지인 7억 인구의 동남아와 18억 인구의 인도, 방글라데시 포함 인도아대륙으로 경제협력을 확대해 나가고 있다.

신장-위구르와 중앙아시아

위구르족, 티베트족, 몽골족, 조선족 포함 비한족非漢族 소수민족의 변방 집중은 끊임없는 정치·사회적 긴장의 원천이 되고 있다. 신장新疆·Xinjiang과 티베트西藏는 각각 위구르족과 티베트족의 역사적 고향이다. 신장과 티베트는 한족 주도 중화인민공화국PRC을 거부하는 주민들의 땅이다. 신장의 위구르인과 티베트의 티베트인은 한족과 역사와 문화를 달리한다. 위구르족과 티베트족, 몽골족 등에게 중화인민공화국은 조국이 아니다. 인민해방군PLA은 점령군이다. '신장'은 '새로운 영토'를 의미한다. 신장166만㎢은 타클라마칸 사막을 포함하는데, 텍사스69만㎢의 2배, 독일36만㎢의 4배 이상이며, East Turkestan투르크계 민족이 사는 중앙아시아으로 불린다. 2,500만 인구의 신장이 확실히 중국의 일부가 된 것은 19세말 청나라 장군 줘쫑탕左宗棠에 의해서다. 신장의 근현대사는 1940년대 위구르계 주민 봉기와 「동투르키스탄」으로의 일시적 독립, 진압 등 선혈로 점철되어 있다. 위구르인은 약 1,100만 명으로 14억 중국 인구의 1% 미만이다. 1949년 중국인민해방군PLA이 신장 전역을 점령했다. PLA가 신장을 점령했을 당시 한족 인구는 4.6%, 위구르인 인구는 80%였다. 중국은 이 지역 통치권을 공고하게 하기 위해, 그리고 석유와 천연가스, 구리, 철광석 등을 확보하기 위해, 계속 한족을 이주시켜 왔다. 국내 식민정책을 취해온 것이다. 그 결과 2021년 현재 신장 내 한족 인구는 52%를 넘어서고 있다. 1990년 이후 계속 신장의 위구르인들은 중국의 통치에 반기를 들었다. 이는 중국 당국에 의한 위구르인 100~200만 명 노동캠프 강제수용과 서방과의 외교 분쟁으로 나타났다. 일함 토흐티, 라힐라 다우트 같은 온건한 위구르인 학자들도 노동캠프에 수용되어 있다. 중국은 안면인식기술 같은 21세기 첨단기술과 20세기 수용소Konzentrationslager 시스템을 결합, 위구르인 개조를 추진하고 있다. 중국은 위구르족 동화同化, 나아가 강제 불임 시술도 추진 중이다. 중국은 2020년 들어 한어漢語 교육 강화, 통일교과서 사용 포함 한족화漢族化 정책 등 위구르족, 티베트족, 회족回族, 몽골족, 조선족을 비롯한 소수민족들의 정체성을 약화시키는 정책을 취하고 있다. 한족화 작업은 신장뿐 아니라, 티베트와 네이멍구, 깐수, 닝샤, 연변조선족자치주에서도 벌어지고 있다. 독일과 프랑스, 이탈리아 등 유럽 국가들은 2020년 8월 말~9월 초 유럽을 순방한 왕이 국무위원겸 외교장관에게 홍콩보안법 철폐와 함께

(위구르족, 티베트족, 몽골족, 조선족 등) 소수민족에 대한 인권침해를 중단할 것을 요구했다. 터키는 물론, 동남아의 이슬람 대국 인도네시아, 그리고 말레이시아에서도 중국의 위구르족 탄압에 분노하는 목소리가 높아지고 있다. 중앙아시아 이슬람 국가들도 위구르족, 회족回族에 대한 중국 당국의 탄압을 비난한다. 2021년 11월 터키 이스탄불에서 출범했으며, 카자흐스탄과 우즈베키스탄, 키르키즈 등을 포괄한 투르크어사용국기구OTS는 중국에 또 하나의 고민을 던져 주고 있다.

중국과학원은 2020년 8월 초 갑자기 베이징, 상하이, 톈진, 충칭에 이은 5번째 직할시 선정 필요성을 거론했다. 일대일로 정책에 발맞추어 직할시를 추가 지정할 필요가 있다는 것이다. 선전, 칭다오, 다롄과 함께 베이징에서 서쪽으로 3,500㎞나 떨어진 인구 462만 명의 중급도시 카슈가르카스도 후보에 올랐다. 중국은 그만큼 신장을 중시한다. 중국은 일대일로 등을 통해 중앙아시아의 투르크계, 이란계 국가들을 회유해왔다. 중국은 인접한 파미르 산악국가 키르키즈의 도로 인프라 건설 지원에 나서는 한편, 화웨이와 차이나텔레콤을 통해 키르키즈 정부의 대중大衆 감시 역량도 키워주고 있다. 이는 키르키즈 포함 중앙아 지역이 신장 위구르 자치또는 독립주의자들의 후방 기지가 될 가능성을 없애기 위한 것이다. 중국은 일대일로 정책을 통해 유라시아 대륙 깊숙이 뻗어나가고 있다. 중국의 일대일로 정책은 IS와 탈레반 등 이슬람 근본주의자들의 분노를 불러일으키고 있다. 중국은 2011년 이란과 포괄적·배타적 경제협력협정을 체결하여, 이란 특정 지역에서 자원 탐사·시추·채굴은 물론 필요시 인프라를 설치할 권리도 확보했다. 중국은 시설 보안을 위해 군대도 주둔시킬 수 있다. 중국과 이란은 2025년까지 중국 자본 250억불을 투자하여 이란 내 10,000km에 달하는 철로를 새로 부설하기로 했다. 중국의 잉여 철강이 투입될 것이다. 계획대로 된다면 신장 우르무치에서 카자흐스탄-키르키즈-우즈베키스탄-투르크메니스탄-이란-인도양을 잇는 유라시아 철도가 위용을 드러낼 것이다. 석유와 천연가스, 희토류 등 자원에 대한 중국의 욕구는, 국제적 리스크를 감수할 정도로 크다. 중국은 전쟁으로 폐허가 된 아프가니스탄 카불 남부에서 구리광석을 채굴하고 있다. 아프가니스탄의 철광석과 금, 우라늄 및 귀금속에도 눈독을 들이고 있다.

티베트 고원과 인도

티베트도 특히 인도와의 관계에서 중국의 외교정책에 큰 영향을 미친다. 수자원水資源은 물론, 구리와 니켈, 마그네사이트, 금 등이 풍부한 티베트 고원은 중국 영토의 약 1/4을 차지한다. 창장長江, 황허黃河, 메콩, 브라마푸트라야루장포, 샐윈 등 아시아의 많은 하천이 티베트-칭하이 고원에서 흘러내린다. 이는 왜 중국이 티베트의 독립은 물론, 자치 가능성도 공포로 바라보는지를 잘 설명해 준다. 이는 중국이 이 지역에 고산高山 고속도로와 고속철도를 부설하는 이유이기도 하다. 티베트가 없다면, 중국은 방패 없는 몸통이 될 수 있다. 1949년 이래 티베트를 장악하고 있던 중국은 한국전쟁으로 인해 미국 등이 한반도에 관심을 집중하는 틈을 타, 1950년 10월 4만 대군을 보내 '해방'이라는 이름으로 티베트를 군사 점령했다. 양동

陽動 전술을 제대로 활용한 것이다. 티베트 통치자 달라이 라마14세
는 1959년 인도로 망명했다. 중국은 빈곤 퇴치라는 명목으로 수십
만 명의 티베트인을 노동캠프에 수용하고, 종교라마불교 탄압도 자행
해 왔다. 중국은 티베트족 출신 학생 80만여 명을 공립 기숙학교에
수용, 티베트어를 배우지 못하게 하는 등 티베트족의 한족화를 추구
하고 있다. 나아가 히말라야의 소국 네팔과 부탄 영토도 잠식하고
있다. 한편, 13.8억 인구의 아대륙subcontinent 국가 인도가 티베트를
장악하면, 인도는 엄청난 크기의 영토를 추가 확보할 수 있다. 인도
가 히말라야 산록山麓 히마찰프라데시의 다람살라 소재 티베트 망
명정부를 지원하는 이유 중 하나이다.

중국은 먼 거리 원정 없이도 경제적 수단을 동원하여, 군사력의
열세를 메울 수 있다. 중국은 경제적 압박을 통해 이미 일본과 한국,
필리핀, 팔라우 등을 굴복시켰다. 중국의 위상 강화는 최근 러시아와
중앙아시아 국가들 포함 이웃국가들과 국경분쟁을 타결한 외교력
덕분이다. 인도는 예외이다. 인도는 중국의 영향력이 커지고 있는 아
시아 대륙에 박혀있는 지정학적 쐐기이다. 브레진스키의 저서 『거
대한 체스판: The Grand Chessboard』에 나온 Great China 지도는
이것을 생생하게 보여준다. 중국과 인도는 엄청난 인구, 다양한 문
화, 영토아루나찰프라데시, 악사이친를 놓고 각축하는 이웃이다. 아루나찰
프라데시와 악사이친을 둘러싼 중·인 국경선3,440㎞ 분쟁은 2021년
현재도 계속되고 있다. 2017년 여름 중국은 인도와 부탄의 반대에
도 불구하고, 부탄 서북부 도클람 지역에 군사용 도로건설을 시도하
여 인도, 부탄과 마찰을 빚었다. 중·인 간 군사충돌은 2020년 5월 이

후 악사이친 지역에서 여러 차례 되풀이 되었다. 9월에는 소총 사격설, 전투기 투입설도 나왔다. 중국은 2021년 10월 경찰병력이 인도, 아프가니스탄, 미얀마 등과의 국경지역에서 외국군에게 발포할 수 있게 허용하는 법을 제정했다. 인도는 2019년 3월 중국에 이어 세계 4번째로 저궤도 위성 요격 미사일 능력을 확보했다고 공표했다. 인도도 ICBM 요격 능력을 확보한 것이다. 인도는 이 무렵 악사이친 국경지역에 신형 지대지 순항미사일 '니르바히'를 새로 배치했다. 니르바히는 핵탄두도 탑재할 수 있으며, 사거리가 1,000㎞에 달한다. 인도는 2021년 10월 베이징을 타격할 수 있는 사거리 5,000㎞의 탄도미사일 아그니-5 발사 시험을 실시했다. 2020년 10월에는 히마찰프라데시에 악사이친 지역으로 신속히 병력을 수송할 수 있는 '아탈 터널'도 건설했다. 인도는 기본교류협력협정BECA을 체결하는 등 미국, 일본과 거의 동맹수준으로 군사협력을 강화하고 있다. 일본은 2021년 10월 초 파키스탄 과다르 인근 해상에서 인도와 해상합동훈련을 실시했다. 10월 중순에는 다른 QUAD 회원국들미·인·호과 함께 미얀마 짜욱퓨 앞 안다만 해상에서 말라바르Ⅱ 해상합동훈련을 실시했다. 러시아는 브라모스 미사일을 공동 개발하는 등 조심스레 인도를 지원하고 있다. 인도는 브라모스 미사일을 아루나찰프라데시에 배치하는 한편, 베트남에도 제공했다. 티베트는 중·인 갈등을 악화시키는 요인이다. 인도는 1957년 달라이 라마 14세가 주도하는 티베트 망명정부를 받아들였다. 2017년, 2020년 중·인 국경 긴장은 달라이 라마 승계에 대한 중국의 우려와 관계 깊다. 차기 달라이 라마15세는 중국이 지배하는 티베트가 아니라, 북부 인도와 네팔, 부탄을 가로지르는 히말라야 벨트 출신 인물이 될 것이다. 중국은 이를 막기 위해 중국이 지배하는 티베트 출신 사이비似而非 달라이 라마를 내세울 것이다. 차기 달라이 라마의 출신 배경은 그를 더 친인도-반중국적으로 만들 것이다. 중국과 인도는 '그레이트 게임19세기 영국과 러시아가 중앙아시아를 놓고 벌인 패권 싸움'을 히말라야에서 뿐만 아니라 방글라데시, 스리랑카, 몰디브, 안다만-니코바르에서도 치를 수 있다.

몽골과 극동러시아

중국 북부 국경이 외몽골몽골공화국을 감싸고 있다. 외몽골은 할하 몽골족, 내몽골네이멍구은 차하르 몽골족이 다수이며, 두 종족 간 관계는 그리 좋지 않다. 그리고 중국에 속한 내몽골에는 몽골족보다 한족 수가 압도적으로 많다. 몽골은 중국을 필요로 하지만, 중국을 싫어하고 두려워한다. 아시아 스텝지대에 위치한 몽골은 세계에서 가장 희박한 인구밀도를 가진 나라 중 하나이며, 극동러시아와 마찬가지로 중국에 의해 경제적, 인구학적demographic 측면에서 위협받고 있다. 몽골의 경제력은 인구 700만 명의 중국 2선 도시 다롄大連 경제력보다 훨씬 약하다. 베이징은 석유, 석탄, 우라늄 등에 대한 갈망을 채우기 위해 몽골을 자국 영향권 내에 포함시키려 할 수 있다. 중국이 급속한 산업화와 도시화로 인해 석탄, 철광석, 알루미늄, 구리, 납, 니켈, 아연, 주석, 코발트 등의 거대 소비자로 바뀌었기 때문이다. 중국의 세계 금속 소비 비중은 1990년대 10%에서 최근 25% 이상으로 증가했다. 중국 통제 하에 들어간 티베트, 신장, 홍콩, 마카오와 함께 몽골에 대한 중국의 조치는 중국이 얼마만큼이나 제국주의적 야망을 갖고 있는지 판단하는 시금석이 될 것이다. 몽골과 동북 3성은 지리적으로 극동러시아에 인접해있다. 유럽 2배 면적의 극동러시아는 천연가스, 석유, 다이아몬드와 금 등 풍부한 자원을 갖고 있다. 극동러시아는 인구가 희박하며, 심지어 감소하기까지 하고 있다. 이 지역 상당 부분은 1860년 10월 러·청 베이징 조약 체결 이전까지만 해도 만주족이 세운 청나라 땅이었다. 러시아가 19세기 말~20세기 초 이 지역으로 손을 뻗쳤을 때 청나라는 매우 취약했다. 하지만, 지금 중국은 강하고, 러시아의 영향력은 영토의 3분의 1이나 되는 극동에서는 미약하다. 극동러시아에는 약 620만 명의 러시아인이 살고 있는 반면, 중국 3개성헤이룽장, 지린, 랴오닝에는 1억 명 이상의 주민이 살고 있다. 인구밀도는 중국 쪽이 러시아 쪽보다 60배 이상 높다. 몽골이 느끼는 것처럼, 러시아의 공포는 중국군이 어느 날 갑자기 침공하여 극동러시아를 병합하는 것이 아니다. 슬금슬금 들어와 정착한 중국인의 극동러시아에 대한 영향이 점점 더 커지고 있다는 데 있다. 중국 회사들은 아무르강헤이룽장 유역 러시아 지역에 대규모 농지를 임차했다. 중국에서 '실지회복Irredentism' 목소리가 커지고 있다. 중국 이주민 다수가 이미 시베리아 중동부 도시 치타와 함께 몽골계와 투르크계 자치공화국들에 정착해 있다. 시베리아 한복판의 크라스노야르스크 인구의 10% 이상이 중국계이다. 2020년 초 COVID-19 확산 이전 중-러 국경도시 연변조선족자치주의 훈춘琿春은 중국 상품을 구매하려는 러시아인들로 넘쳐나고 있었다. 냉전 시대 벌어진 중·소 분쟁은 소련으로 하여금 시베리아에 수

십만 명의 병력을 배치하게 했고, 때로는 군사 충돌을 야기했다. 이런 긴장이 1960년대 후반 헤이룽장성과 신장자치구에서 중·소 전쟁으로 이어졌다. 이제 더 이상 만주로 진격하려는 외국군은 없다. 냉전 시기 소련군의 극동시베리아 주둔으로 인해 마오쩌둥은 국방비를 지상군 증강에 집중 투입했다. 중국은 고대 이래 끊임없는 외부 세계의 침공에 전전긍긍했다. 이제 더 이상 그런 일은 발생하지 않을 것이다. 중·러 밀착은 전술적인 것이기 때문에 지정학적 이해관계 차이가 중국과 러시아 사이를 다시 벌릴 수 있다. 이는 미국에게 이득이 된다. 1970년대 닉슨 행정부는 중국과 소련 간 갈등을 이용하여, 중국의 문호를 개방하게 만들었다. 그리고 중국을 지렛대 삼아 소련을 붕괴시켰다. 중국이 보다 더 강력하게 되면, 미국은 러시아를 파트너 삼아 중국에 대항하는 새로운 세력균형 구축을 시도할 것이다.

남중국해와 제1, 제2, 제3 도련선

미국의 해군전략가 머핸Alfred Thayer Mahan은 도전국이 해양 패권을 장악하기 위해서는 기존 해양 패권국에 대한 과감한 도전이 필요하다고 말했다. 중국은 미국의 패권에 도전하여 전쟁을 수행할 수 있는 대양해군 포함, 군사력을 아직 충분히 확보하지 못했다. 2010년대 이후 남중국해와 동중국해 등에서 미·중 두 나라 함선과 군용기들이 가까이에서 마주치는 횟수가 크게 늘어났다. 한편, 윈난성은 에너지 파이프라인으로 연결된 벵골만으로부터 멀지 않다. 중국 해군은 인도양으로 향하는 관문이자 원유 수송로인 남중국해에 더 많은 전력을 투사 중이다. 남중국해에는 원유 2,100억 배럴과 천연가스 7.5조㎥가 매장되어 있다. 세계 어획량의 10%도 갖고 있다. 남중국해는 세계 해상 운송의 30%를 맡고 있다. 매년 3.4조 달러 어치의 상품이 남중국해를 지난다. 중국은 남중국해 해역의 90%에 대한 영유권을 주장한다. 중국은 2014년부터 피어리크로스, 수비, 미스치프, 콰테른 등 7개 암초환초를 메워 군사기지화했다. 베트남, 타이완, 필리핀, 말레이시아, 브루나이, 인도네시아 등이 스프라트리난사 군도, 파라셀시사 군도 영유권과 배타적경제수역EEZ을 놓고 중국과 분쟁 중이다. QUAD와 AUKUS 회원국들인 미국과 인도, 일본, 영국, 호주 등이 동남아국가들에 동조하고 있다. 러시아까지도 국제법에 기초한 남중국해 문제 해결을 주장한다. 한국 외교장관도 2021년 9월 한-메콩 외무장관회의에서 남중국해 항행 및 상공 비행의 자유가 확보되어야 한다고 말했다. '자유롭고 개방된' 인도-태평양 전략을 추구하는 미국과 인도, 일본, 영국, 프랑스, 독일, 호주 등이 남중국해에 함정을 파견해 왔다. 미국 제7 함대본부: 일본 요코스카는 2019년 5월 2일부터 5월 8일까지 남중국해에서 일본이즈모 경항모 참가, 인도, 필리핀 해군과 함께 합동훈련을 실시했다. 인도 해군이 미국 주도 남중국해 해군훈련에 참가한 것은 사상 최초이다. 그 이후 여러 차례 남중국해에서 미국 주도 해상합동훈련이 실시되었다. 이는 동맹국 보호와 함께 중국 핵잠수함 활동을 저지하기 위해서이다. 중국은 2020년 7월 말 남중국해에서 H-6G, H-6J 포함 신형폭격기를 동원한 군사훈련을 실시했다. 8월에는 대륙 칭하이성 미사일 기지에서 DF-26B사거리 5,000㎞, 연안 저장성 미사일 기지에서 괌 킬러Guam

Killer로 알려진 DF-21D사거리 1,500km 미사일을 발사, 남중국해의 미국 항모를 상정한 목표물을 맞히는 시험에 성공했다. 왕이 외무장관은 2020년 9월 개최「동아시아정상회의EAS 외무장관 회담」에서 미국이 2020년 상반기에만 항공기 연 300대와 함정 60여척을 남중국해에 투입하여 무력시위를 벌였다고 주장했다. 베트남과 필리핀은 중국의 남중국해 군사훈련을 비난했다. 폼페이오 전前 국무장관은 '남중국해 영해 및 해양자원에 대한 중국의 일방적 권리 주장은 불법'이라고 말했다. 미국 정부는 2020년 중국이 점령한 남중국해 암초의 군사기지화 사업에 참여한 '중국교통건설' 포함 24개 중국 업체와 개인에 대한 제재를 단행했다. 2020년 중국 군사전문가 왕원페는 미국이, 중국과 필리핀 모두 영유권을 주장하고 있는 필리핀 팔라완섬 인근 스카버러 암초황옌다오·黃巖島에 대한 기습 군사공격을 감행할 가능성도 있다고 말했다. 2021년 1월 중국 전인대는 자국 해양경찰이 해양 경계를 침범한 외국 선박에 발포하는 것을 허용하는 법안을 통과시켰다.

남중국해-말래카 해협을 따라 급진 이슬람 세력, 서방과 인도 해군, 심지어 해적도 출몰하고 있다. 중국 석유 수송선과 상선 대부분이 지나가는 병목도 그곳에 있다. 남중국해는 전략적 중요성 측면에서, '제2의 페르시아만'이다. 네덜란드 출신 미국 지리학자 스파이크먼Nicholas Spykman, 『the Geography of the Peace』의 저자은 역사상 모든 국가들이 인접 해역을 통제하기 위해 '물결 모양 해양 팽창'을 해왔다고 말한다. 그리스는 에게해, 로마는 지중해, 네덜란드는 북해, 미국은 카리브해 주도권을 장악하려 했다. 지금 중국은 남중국해 해상 통제권을 장악하려 한다. 스파이크먼은 카리브해의 중요성을 강조하기 위해 카리브해를 '미국의 지중해'라고 불렀다. 남중국해가 '중국의 지중해'가 될지 여부가 동아시아-서태평양 지정학의 핵심이다. 중국 해군은 스스로가 오키나와, 타이완, 필리핀, 보르네오를 연결하는 '제1도련선'the first island chain이라고 부르는 곳에서 여러가지 도전에 직면해 있다. '제1도련선', '제2도련선', '제3도련선'이라는 용어가 시사하듯 중국은 이 섬들을 중국에서 뻗어나간 군도로 보고 있다. 중국은 에너지 자원이 풍부한 동국중해와 남중국해 곳곳에서 다양한 분쟁을 겪고 있다. 제1, 제2, 제3 도련선은 일종의 '역逆만리장성'이다. 이는 중국의 서태평양 접근을 감시하고, 봉쇄하는 감시탑 역할을 수행하는 미국과 동맹국들의 방어선이기도 하다. 해양세력의 가장 큰 목적은 자국의 상업이익 보호이다. 이전 해양강국들인 그리스, 베네치아, 포르투갈, 네덜란드, 영국 등은 비교적 온건하며, 자유로운 교역 등 평화로운 해양체제를 보존하는 정도에 관심을 가졌다. 중국은 해양마저 영토 확보 시각에서 생각한다. 중국은 한국과의 서해 EEZ 협상에서 해양 분할 기준에 배후 영토 크기와 해안선 길이 등도 넣을 것을 주장한다.

중국의 해군력 증강

중국은 미국 함정이 중국 연안으로 접근하는 것을 저지하기 위해 DF 미사일 포함 각종 비대칭 무기를 계속 개발하고 있다. 중국은 구축함과 잠수함을 현대화하는 한편, 6개의 항모전단航母戰團을 확보할 계획도 갖고 있다. 중국 군사전문가 쉬후이徐輝에 의하면, 중국은 2030년대까지 항모 1척과 이지스 구축함 5척, 프리깃함 3척, 군수지원함 1척으로 구성된 6개의 항모전단을 운용할 것이라 한다. 항모전단 앞에 핵잠수함 1척과 조기경보기, 헬기, J-15 함재기를 배치할 계획이라고 한다. 중국 해군은 2030년까지는, 잠수함 75척을 보유한 미국 해군보다 더 많은 잠수함을 보유하게 될 것이다. 중국 해군은 사이버전도 활용할 계획이다. 이는 급성장 중인 잠수함 부대와 함께 서태평양 주요 해안에 대한 미국 해·공군의 접근을 차단하기 위해서이다. 중국은 타이완 해협과 동중국해 해안 통제를 위해 기뢰전機雷戰 능력을 향상시키고 있다. 러시아로부터 4세대 전투기를 구매하고, 연안을 따라 러시아제와 중국제 함대공艦對空 미사일도 배치해 놓았다. 중국이 미국에 군사적으로 도전할 능력을 갖추려면 아직 먼 길을 가야한다. 중국의 1차 목표는 제1전략 범위1도련선와 연안을 따라 자국이 원하는 어느 곳에 언제라도 필요한 무기를 배치하는 것이다. 적에게 영향을 주어 그 행동을 억지, 통제할 수 있는 능력이야말로 패권의 본질이기 때문이다.

한반도 지정학

203만 중국군은 세계 최대 규모이나, 2020년대 말까지는 국경 밖으로 원정할 수 있는 역량을 갖추지 못할 것으로 보인다. 중국군은 2008년 쓰촨 대지진과 소요, 티베트와 신장에서의 정치·사회 소요, 그리고 베이징 올림픽 시 안보 도전에도 제대로 대처하지 못했다. 2008년 티베트 소요 사태 진압을 위한 중국군의 티베트 투입은 중국군이 중국 영토 한 끝에서 다른 끝까지 병력을 이동시킬 수 있다는 능력만 보여준 것이지, 군사력 전개에 요구되는 수준으로 군수품과 군장비를 이동시킬 수 있는 능력을 보여준 것은 아니었다. 다시 인도와 전쟁을 벌이거나, 북한 체제 붕괴로 인해 그 공백을 메우는 것이 아니고서는 중국군이 전쟁을 위해 국경을 넘을 가능성은 거의 없다. 북한 붕괴 시 중국군은 반드시 한반도에 진입할 것이다 (조·중 군사동맹조약 제2조). 중국의 군사력 투사 가능 범위는 인도아대륙, 중앙아시아, 몽골, 극동러시아, 동남아를 포괄한다. 이 지역은 국경선이 바뀔 가능성이 거의 없는 곳이다. 그러나 한반도 상황은 다르다. 이 지역의 경계는 바뀔 수 있다. 압록강과 두만강, 휴전선을 경계로 외부와 고립된 북한 체제는 근본적으로 불안정하며, 북한의 붕괴는 세계정세에도 큰 영향을 미칠 것이다. 만주에서 돌출되어 나온 한반도는 중국 중북부로 향하는 모든 종류의 교통을 통제할 수 있는 요충지이다. 중국은, 미국과 일본, 러시아 포함 제3국이 한반도, 특히 한반도 북부에 영향력을 행사할 경우 매우 불편해 할 것이다. 중국은 2017년 12월 보하이만과 서해에서 한반도 유사시를 상정한 대규모 상륙훈련을 실시했다. 이 훈련은 2020년과 2021년에도 이어졌다.

두만강 하류는 중국, 북한, 러시아가 만나는 접점이며, 일본으로 연결되는 항구 나진, 청진 등을 갖고 있다. 중국은 이 지역에 큰 관심을 갖고 있다. 중국이 북한 동해안 한 곳에 미사일 기지를 건설하면, 일본열도 모든 지점을 동일 사거리 미사일 목표물로 삼을 수 있기 때문이다. 한국이 주도할 통일한국은 민족주의적일 것이기 때문에 중·일 모두에게 적대적일 수 있다. 중국, 일본 모두 한반도를 점령하려 했었다. 일본은 1910년부터 1945년까지 한반도를 강압 통치했다. 일본은 20세기 초 한국 침략 시 최초로 점령한 독도를 포기할 생각이 없다. 한편, 한국의 최대 교역 상대국은 중국이다. 2021년 9월까지 한국의 대對중국 수출액은 1,178억 달러로 대對미국 수출액 709억 달러의 약 1.7배에 달한다. 대對중국 무역흑자는 187억 달러, 대對미국 흑자는 161억 달러로 대對중국 무역흑자가 대對미국 흑자에 비해 많다. 2021년 11월 현재 한국이 수입하는 품목 중 중국의존도가 80%를 넘는 품목이 총품목의 14.7%인 1,850개나 된다. 미국이 동아시아-서태평양으로부터 후퇴하고, 중국의 팽창이 지속될 경우 한국은 중국과의 경제적 긴밀성으로 인해 Great China권에 포함될 가능성이 있다. 이 경우 중국은 러시아와 일본을 압도하는 대륙과 해양 두 방면 패권국으로 성장할 수 있을 것이다. 미어샤이머John Mearsheimer는 『거대 패권국 정치학의 비극』에서 "국제 시스템에서 가장 위험한 국가는 거대한 군대를 가진 대륙 패권국나폴레옹 프랑스, 독일 2, 3제국이다."라고 말했다. 이것이 바로 중국의 팽창을 염려해야 할 이유이다.

한국의 생존 전략

68년 전 끝난 6.25 전쟁의 결과물인 한반도 주둔 미군이 영원히 지속될 수는 없다. Great China는 이미 경제적으로 혹은 군사적으로 중앙아시아에서, 인도양에서, 동남아시아에서 그리고 서태평양에서도 출현했다. 바로 그 너머 미국과 일본, 호주, 인도, 영국, 프랑스, 독일 전함이 있을 것이다. 미국은 인도-태평양 사령부에 전체 군함의 60%, 육군의 55%, 해병대 병력의 2/3를 배치해 놓고 있다. 사령부 총병력 38만 명 중 85,000명을 제1도련선 지역으로 전진 배치해 놓았다. 미국 함대는 하와이에 본부를 두고, 인도와 일본, 한국, 호주 그리고 여타 국가 해군과 동반자 관계를 맺을 것이다. 냉전 시기 미국 해군력만으로는 소련군을 봉쇄하기에 불충분했다. 그래서 서독과 프랑스, 영국 등 서유럽 국가들의 육상 전력도 필요했다. 그러나 동부 유라시아동아시아-서태평양에서는 육상 전력이 많이 필요하지 않을 것이다. 미국 해·공군이 중국 해·공군에 대해 압도적 우위를 유지할 것이기 때문이다. 독일 통일 사례를 통해서도 알 수 있듯이 미·중 신냉전은 국가와 민족의 생존은 물론, 남·북 통일을 넘어 우리 민족의 부흥과 도약으로 나아갈 수 있는 기회가 될 수도 있다.

중국의 급소 보하이만渤海灣

중국은 한반도 해안선 길이 5,620km의 약 3배인 14,500km에 달하는 긴 해안선을 갖고 있다. 중국이 바다로부터의 공격에 민감할 수밖에 없다는 것을 말해준다. 이에 따라, 중국은 전체 해안지역을 3부분으로 나누어 방어하고 있다. 중국에서 가장 중요한 지역은 수도 베이징과 톈진, 다롄 등 정치·경제 중심지를 끼고 있는 보하이만 권역圈域이다. 중국은 해·공군과 항공우주군, 육군 등으로부터 엄중하게 보호받고 있는 보하이만특히 랴오둥만에서 종종 잠수함발사탄도미사일SLBM 시험도 실시한다. 해상훈련은 물론이다. 랴오둥만 후루다오항에는 전략 핵잠수함 조선소가 있다. 그리고 다롄에는 칭다오, 위린하이난다오과 함께 전략 핵잠수함 기지가 있다.

서해를 크게 두 부분으로 나눈다면, 산둥반도와 백령도를 잇는 선을 경계로 하여 △보하이만과 서한만西韓灣으로 이루어진 북부와 △경기만京畿灣 이남의 남부로 나눌 수 있다. 산둥반도 동단에서 백령도까지의 직선거리가 약 220km에 불과하므로 동중국해에서 보하이만으로 향하는 서해 해로Sea Lane는 중국에게 있어 취약한 동시에 생명선과 같이 중요하다. 한국이 △서해와 △대한해협 △동중국해 해로 모두를 통제할 수 있는 요충지 제주도 서귀포시 강정리에 군항을 건설한 이유이다. 중국이 북한을 포함한 한반도의 상황 전개에 극히 민감해 하는 이유 가운데 하나도 서해 항로 때문이다.

중국은 보하이만을 포함한 서해 해역을 지키기 위해 산둥반도 남부 칭다오靑島에 강력한 북해함대동해함대 저장성 닝보, 남해함대 광둥성 잔장를 주둔시키고 있다. 그리고 한반도와 러시아를 겨냥한 북부전구 관할구역에 산둥반도와 네이멍구를 포함시키고 있다.

미·중
태평양 전쟁?

미국은 어떤 나라인가?

미국은 2021년 현재 태평양과 대서양 사이 북아메리카 대륙 중심부를 영토로 하는 면적 983.3만㎢세계 3위, 인구 3억 3,300만 명세계 3위, GDP 22.7조 달러세계 1위의 제국이다. 기축통화달러 발권력을 가졌으며, 국제통화기금IMF과 세계은행WB을 중심으로 한 국제금융체제도 장악했다. 미국 주도 국제금융체제에서 소외되는 국가와 은행, 기업은 파산으로 갈 수 밖에 없는 구조다. AIArtificial Intelligence와 반도체, 퀀텀양자 컴퓨터, 군사무기 기술 등을 비롯 세계 최고 수준의 과학기술 능력도 갖고 있다. 영어와 할리우드, 넷플릭스로 대표되는 막강한 문화 권력도 지녔다. 미국의 군사력 투사 범위는 몽골제국이나 대영제국보다 넓다. 미국은 아시아, 유럽, 중동, 아프리카, 오세아니아, 아메리카 등 대륙과 태평양, 대서양, 인도양 등 대양 포함 세계를 무대로 6개 전구△북미군 △남미군 △유럽군 △중동-중앙아시아군 △아프리카군 △인도-태평양군와 7개 함대이지스함 80척 등 297만t의 함정을 보유한 제2, 3, 4, 5, 6, 7, 10함대를 운용하고 있다. 공군전대는 312개에 달한다. 미국은 한·일·독 포함 130여 개국 750여개 해외기지에 30만 명 이상의 병력을 전개하고 있다. 미국은 1년 365일 세계 곳곳에서 크고 작은 전투를 벌이는, 전국시대 진秦나라와 같은 전쟁국가이다. 태평양과 대서양 사이 안전한 곳에 위치해 있으며, 영국과 독일 등 유럽 문명에 기원을 둔 미국은 1776년 7월 독립 이래 늘 유럽 우위, 즉 대서양주의에 기초한 대외정책을 취해왔다. 2013년 겨울 베이징에서 만난 고위 미국 외교관은 "미국 외교정책의 중심은 늘 유럽이었고, 중국이 부상한 지금도 유럽의 중요성은 줄어들지 않고 있다"고 말했다. 그는 미국 외교안보정책 목표 중 가장 중요한 다음 4가지를 제시했다.

첫째, 본토를 외침으로부터 방어하는 것으로 이를 위해서는 대량파괴무기WMD 확산을 저지해야 한다. UN 안보리를 통한 대북對北 제재도 여기에서 출발한다.
둘째, 유라시아 대륙에서 세력균형을 확보하는 것으로 이를 위해서는 유라시아 대륙의 양 날개인 북대서양조약기구NATO와 함께 일본, 한국, 호주, 인도 등과의 협력을 강화해야 한다. 중국을 봉쇄하기 위해서다.
셋째, 자유롭고 개방된 세계경제질서를 확보하는 것이다. 중국 경제의 급성장으로 인해 최근 기조가 바뀌었다.

넷째, 안정된 에너지 공급선을 확보해야 하는 것으로, 이를 위해서는 페르시아 만 석유와 천연가스에 대한 제3국의 독점적 지위 확보를 막아야 한다.

우리의 안보와 가장 밀접한 것은 '중국, 일본, 러시아, 인도, 독일 등 강대국이 위치한 유라시아 대륙에서의 세력균형 유지'이다. 유라시아 대륙에서 세력균형이 무너지면 미국의 패권도 종말을 고할 가능성이 크고, 이는 우리 국가안보에 치명적 영향을 미칠 것이기 때문이다. 14억 인구의 중국의 부상과 도전은 독일 히틀러 제국 das Dritte Reich이나 일본제국, 소련의 도전과는 규모가 다르다. 미국은 지금껏 상대한 나라와는 판이한 규모와 문화를 가진 국가의 도전에 직면했다.

미국의 동아시아-서태평양 진출 역사

미국은 1776년 대서양 연안 13개 주를 통합하여, 건국한 이래 계속 서쪽으로 나아가 19세기 중반에는 태평양 연안 캘리포니아에 도달했다. 1893년 하와이를 거쳐 1898년에는 타이완 바로 남쪽에 위치한 필리핀까지 손에 넣었다. 필리핀에 교두보를 확보한 미국은 거대국가 중국에 대한 이권을 놓고 영국, 프랑스, 독일, 러시아 등 유럽 국가들, 그리고 일본과 경쟁했다. 중국 연안에서 제동이 걸린 미국의 관심은 유라시아 특정 국가가 동아시아-서태평양을 지배하는 것을 막는 것, 즉 세력균형 유지로 바뀌었다. 유라시아의 세력균형 유지라는 측면에서 미국의 적은 ①1900년대 초까지는 러시아제국, ②1930년대 이후는 일본, ③1950년대부터는 소련, 그리고 ④2010년대 이후는 중국이다. 일본이 19세기 말, 20세기 초 청나라와 러시아를 차례로 격파하고 동아시아 패권을 장악한 데는 러시아의 남진을 우려한 영·미Anglo-Saxon의 지원이 결정적이었다. 일본은 1905년 주일駐日 대사관 무관이던 아서 맥아더더글러스 맥아더의 아버지도 참관한 뤼순旅順 203고지 전투와 쓰시마 해전 등에서 러시아군을 격파하고 전쟁을 승리로 이끌었다. 영국은 2차례에 걸친 영일동맹을 통해 일본을 지원했다. 미국도 일본을 지원했다. 미국은 러일전쟁 이후 남만주에 대한 이권을 놓고 일본과 갈등했다. 이로 인해 일본의 조선 합병은 5년이나 지체된 1910년에야 가능하게 되었다. 대공황1929~39 발생 직후인 1930년대 동아시아에 대한 미국의 주요 관심은 일본의 팽창을 저지하는 것이었다. 일본은 1931년 미국 해군과 소련 육군에 대항할 힘을 비축하기 위해 New Frontier 만주를 점령했다. 만주와 중국 본토, 동남아, 서태평양 군도를 놓고 벌어진 미·일 갈등은 태평양전쟁1941~45으로 이어져 원자폭탄 투하와 함께 일본의 패전으로 끝났다. 종전 후 미국은 장제스의 중국을 지원해 러시아의 확대판인 소련의 남하를 저지할 계획이었으나, 마오쩌둥毛澤東의 공산당이 1949년 10월 중국 내전에서 승리하자 일본을 동아시아 제1동맹국으로 선택했다. 이에 따라 일본은 NATO와 함께 자본주의 세계의 보루인 미국의 양 날개 중 하나가 되었다. 2차 대전 후 미국의 동아시아 정책의 기초가 된 것은 독도 영유권 분쟁의 원인이기도 한 1951년 9월 샌프란시스코 조약이다. 샌프란시스코 조약이

초안과는 달리 일본이 영유권을 포기해야 할 한반도 도서 중 하나로 독도를 명기明記하지 않은 것이 두고두고 불씨가 되었다.

애치슨라인, 닉슨 독트린

1948년 한반도 북부에 이어 1949년 중국 대륙이 공산화되었지만 미국은 여전히 한반도의 전략적 가치를 낮게 보았다. 미국이 1945년 제2차 세계대전 종전 국면에서 일본 홋카이도北海島가 아닌 38선 이북 한반도를 소련에 넘겨준 데에는 이와 같은 이유가 작용했다. 미국은 참전 대가로 소련이 홋카이도 분할 점령을 요구할 가능성을 크게 우려했다. 애치슨Dean Acheson 국무장관은 1950년 1월 미국 신문기자협회 연설에서 미국의 서태평양 방위선은 알류샨 열도-일본 열도-오키나와 열도-필리핀 열도를 잇는 선이라고 공언했다. 한국과 타이완을 미국 방위선 밖에 놓은 애치슨라인은 공산세력의 남침 욕구를 자극했다. 1950년 6월 25일, 국공내전에 참전했던 63,000여 재만在滿 조선인 병력이 주공主攻이 된 북한군이 38선 이남으로 밀고 내려오자 미국은 일본 방어와 함께, 서독과 프랑스, 영국 등 서유럽 국가들이 더 이상 미국을 신뢰하지 않게 되리라는 우려로 인해 한반도 전쟁에 개입했다. 6·25 전쟁 휴전 이후 미국은 동아시아-서태평양 정책을 변경했다. 소련의 남진을 막기 위한 방안으로 △일본의 공업화를 가속화하고, △중국을 소련으로부터 떼어놓으며, △한국과 타이완을 강화하는 방향으로 아시아 정책을 전환한 것이다. 미국은 당초 중국 공산화 이후에도 마오쩌둥과 화해하여 함께 소련의 남진을 방어할 계획이었다. 하지만, 마오쩌둥이 티베트

점령과 함께 뤼순과 다롄, 남만주철도를 포함한 만주 전역에 대한 통제권 장악 등을 위해 6·25 전쟁에 개입하자 일본을 공업화하고, 한국과 일본, 그리고 타이완에 군대를 주둔시키는 것으로 정책 방향을 틀었다. 한국과 남베트남 등 동아시아 연안rim으로 군사력 전진 배치를 추구하던 미국은 베트남 전쟁이 교착 상태에 놓인 1969년 7월 닉슨 독트린제2의 애치슨라인을 발표해 다시 한 번 서태평양 열도선오키나와·괌으로의 후퇴를 선언했다. 닉슨 독트린은 1970년대 초 △미·중 및 중·일 수교 △오키나와 행정권 일본 반환 △제7사단 한국 철수 △미군의 남베트남 철수로 이어졌다. 닉슨 독트린은, 중·소 분쟁을 이용하여 국력을 회복할 시간을 제공하는 등 소련과의 냉전에서 미국이 승리하는 데 크게 기여했다.

신형대국관계新型大國關係

1991년 소련 붕괴 이후 세계 유일 초강대국으로 떠오른 미국은 2000년대 들어 재정과 무역 쌍둥이 적자가 누적되고, 중국의 부상이 본격화하며, 9·11테러가 상징하는 극단주의 이슬람 세력의 도전이 가속화하면서 위기를 맞았다. 2001년 아프가니스탄 전쟁, 2003년 이라크 전쟁, 이란과의 계속된 대립, 시리아 전쟁 등으로 인해 중국의 부상에 제대로 대응할 여유를 갖지 못했다. 이렇게 된 데는 극단주의 이슬람 세력의 도전도 도전이지만, 중국을 포함한 동아시아-서태평양 지역에 대한 미국의 경시도 한 몫을 했다. 당시 미국은 서부러시아 포함 동유럽, 코카서스와 함께 풍부한 에너지 자원을 가진 중동-북아프리카 지역에 관심을 집중했다. 아프가니스탄 전쟁과 이라크 전쟁, 2008년 경제위기로 인해 세계 경제가 불안정해진 상황에서도 중국의 경제성장은 계속되었다. 중국 경제 규모는 2010년 일본 경제 규모를 추월했다. 중국 경제는 2014년 구매력 PPP: Purchasing Power Parity 기준으로 미국마저 추월했다. 포천지紙가 2019년 매출액 기준으로 선정한 세계 500대 기업 가운데 중국 기업은 124개로 미국의 121개를 넘어섰다. 포천 선정 세계 500대 기업 명단이 처음 발표된 1990년 중국 기업은 단 한 개도 없었으나, 30년 만에 처음으로 세계 500대 기업 수에서 미국도 추월했다. 중국 경제는 GDP 기준 1990~2020년 간 37배미국 GDP는 3.5배 증가나 성장했다. 중국의 국력 강화 추세는 미국의 대對중국 무역전쟁 공세, 기술발전 억제 시도Tech Cold War, 공급망 개편 시도 등에도 불구하고 계속되고 있다. 일본마저 '미국이냐, 중국이냐?'를 두고 고민해야 하는 처지가 되었다. 중국은 경제력을 배경으로 타이완과 동남아국가연합 ASEAN 등 인근 국가들을 경제적으로 포용해 나가는 한편, 해·공군력 증강을 통해 남중국해와 동중국해, 인도양 등에 대한 영향력을 강화해 왔다. 미얀마아키아브, 즉 시트웨, 스리랑카함반토타, 몰디브, 파키스탄과 다르, 지부티, 세이셸 등 인도양 항구들과 대서양의 적도기니 항구를 목걸이 형태로 연결하는 군사전략, 이른바 '진주목걸이 전략'으로 해양에 대한 영향력도 강화했다. 서해, 동중국해, 남중국해는 중국의 바다로 변해가고 있다. 중·일 센카쿠 열도조어도 분쟁도 중국의 동진東進 시도와 밀접히 관련된다. 중국은 센카쿠 열도 분쟁을 서태평양 진출의 전제조건인 해·공군력 강화 기회로 이용한다. 또한 미국에 '신형대국관계新型大國關係'를 주장하면서 제3 도련선 이서以西 태평양에 대한 통제권을 넘겨줄 것도 요구한다.

미국의 아시아 복귀re-balancing to Asia

미국은 중국의 부상으로 인해 동아시아에서 지배적 위치가 흔들리자 2009년 2월 힐러리 클린턴 당시 국무장관의 '아시아 소사이어티' 연설을 통해 '아시아 복귀pivot, re-balancing to Asia'를 선언했다. 미국은 트럼프 시대에 들어와 '무역전쟁'과 함께 인도–태평양 전략을 통해 중국 봉쇄를 시도했다. 또한 중국의 도전을 가능케 한 지금까지의 무역 레짐regime을 수정하려 했다. 미국은 무역 분야에서의 중국의 우위를 감쇄하는 한편, 4차 산업혁명에 필수적인 반도체 등 첨단기술 개발도 지연시키려 하고 있다. 중국이 「첨단산업의 쌀」이라 할 수 있는 반도체 분야 독립을 할 수 없도록 아예 싹을 자르려 한다. 미국 원천기술을 사용한 반도체의 공급을 저지당한 화웨이는 반도체 확보가 불가능해지면서 모바일폰 시장에서 거의 퇴출되었다. 미국은 2020년 9월 중국 최대 반도체 위탁생산파운드리 업체 SMIC中芯國際도 제재 리스트에 올렸다. 블룸버그 통신은 2019년 12월 미·중 두 나라가 기술냉전Tech Cold War에 들어갔다고 평했다. 윌리엄 바William Barr 법무장관은 2020년 2월 미국이 기술력에서 상대국에 밀리는 위기감을 느낀 것은 근현대 이후 처음이라고 했다. 미국은 2020년 8월 미국 기술 절취 센터라 하면서 휴스턴 주재 중국 총영사관을 폐쇄했다. 중국도 청두成都 주재 미국 총영사관을 폐쇄했다. 미국은 2021년 바이든 집권 이후 동맹국들과 함께 자국 기술·경제력 강화와 함께 투자와 기술 제재, 디커플링 등을 통해 중국을 약화시키려 한다. 문제는 미·중 경제가 복잡하게 얽혀있다는 것이다. 특히 금융 측면에서 미국 월가의 이해관계와 중국 지도부의 이해관계가 정확히 일치하고 있는 지점도 있다. 따라서 미국의 중국에 대한 경제 제재는 한계가 있을 수밖에 없다. 미국은 중국이 추진 중인 도련선 정책을 뒷받침하는 A2/AD 전략의 핵심인 DF 미사일에 대응, 미사일방어체계MD 일본 배치와 중거리탄도미사일조약INF 탈퇴, DF 미사일 방어 기술 개발, 정밀 미사일과 전략 장거리 방사포 배치, 남중국해와 타이완 해협에서의 'FONOP' 지속 실시, QUAD와 AUKUS 창설 등을 통해 군사안보적 측면에서도 중국을 강하게 압박하고 있다.

인도-태평양 전략

1980년 이미 미국-아시아·태평양 국가 간 무역액이 미국-유럽 국가 간 무역액을 능가했으며, 2000년에는 아시아-태평양 국가로부터의 수입액이 미국-유럽 국가 간 무역액을 추월했다. 초대국 중국의 부상이 1970년대 말부터 시작되어 2000년대 초에는 도약 단계에 들어섰는데도 불구하고 미국은 여전히 대서양주의유럽 우선주의에 빠져 있었다. 미국 경제가 상대적으로 약화됨에 따라 미국이 동맹국과 우호국에 제공할 수 있는 경제·안보자산이 크게 줄어들었다. 2017년 트럼프 집권 이후 동맹국들의 국방비와 함께 미국의 무역적자 문제 등과 관련하여 미국과 동맹국들 간 갈등이 심화되었다. 앞으로 미국의 최대 과제는 경제력 증강과 함께 미국에 대한 동아시아-서태평양 및 유럽 동맹국들의 신뢰를 회복시키는 것이 될 것이다. 트럼프 집권기 방위비 분담 협상과 2021년 AUKUS 창설 과정에서 빚어진 프랑스와의 갈등이 대표적이다. 미국이 2000년대 초 이후 해외주둔 미군을 '전략적 유연성' 개념의 기동군 형태로 개편한 것도 해외 곳곳에 고정된 군부대를 주둔시킬 재정 능력이 부족하기 때문이다. 시오노 나나미의 『국가와 역사』에 의하면, 로마제국도 국력이 쇠퇴한 말기로 가면서 전략적 유연성에 기초하여 라인강, 도나우다뉴브강, 브리타니아영국, 다키아루마니아 등 전선에 상비군이 아닌 기동군을 배치하는 방향으로 군사전략을 변경했다 한다. 영국이 1950년대 중반 이후 UAE와 바레인 등을 제외한 수에즈 운하 이동以東 해외 군사기지들을 포기한 것도 재정 부족 때문이었다. 2013년 기준 매년 1,500억 달러 안팎의 국방비를 지출하던 중국은 2014년부터 연 10% 넘게 국방비를 증액해 왔다. 지금으로부터 9~10년 후에는 미국과 유사한 수준의 국방비를 지출할 것으로 추산된다. 이렇게 되면 20년 후 중국은 적어도 규모 측면에서는 미국과 유사한 수준의 군사력을 보유할 전망이다. 그러나 중국은 미국, 일본, 영국 등이 축적한 것과 같은 전쟁 경험이 없다. 같은 첨단무기로 무장해도 훈련만 한 군대와 장기간 실전을 경험한 군대의 차이는 크다. 전통적 육군 국가인 중국의 해·공군력 역시 미·일에 비해 취약하다. 중국의 군사력은 이 점을 감안하여 평가되어야 한다.

미국은 중국의 부상과 도전을 지켜보고만 있을 것인가. 이와 관련, 2014년 3월 다롄에서 만난 중국 선양군구현 북부전구 소속 한 장군은 "미국과 같은 세계제국이 패권을 유지하는 방법에는 여러 가지가 있다"며 이렇게 말했다.

첫째, 도전국을 선제공격하는 것이다. 패권국이던 티무르 제국이 1402년 7월 앙카라에서 신흥제국 오스만터키를 공격한 것이 이에 해당된다. 오스만터키는 황제 바야지트 1세가 티무르군에게 사로잡히는 등 궤멸적인 타격을 입었으며, 이후 국가 재건에 수십 년을 소모했다.

둘째, 도전국을 봉쇄하는 것이다. 1940년대 말~1950년대 초 미국의 대對소련 봉쇄정책이 예다. 미국은 이를 통해 소련의 팽창을 저지하는 데 성공하는 한편, 이후 소련-중국 간 갈등을 이용하여 중국을 끌어들여 소련을 무너뜨리는 데까지 성공했다.

셋째, 도전국에 우호적이지 않은 국가들과 촘촘한 그물망을 형성해 도전국의 성장을 억제하는 것이다. 미국이 추진하는 한국·일본·호주·인도 등 인도-태평양 국가들과의 협력 강화가 이런 유형이다.

넷째, 후퇴해서 세력을 보존하고 있다가 상황이 유리하게 변화할 때 도전국을 응징하는 것이다. 중국 삼국시대 위나라가, 촉한 제갈량이 농隴을 공격해오자 위수渭水 유역으로 후퇴해 있다가 제갈량이 병사하고 촉한이 약해진 다음 대군을 보내 일거에 촉한을 멸망시킨 것이 그 예다. 소련과 데탕트를 시도한 닉슨 독트린도 여기에 해당된다.

중국의 상호확증파괴Mutually Assured Destruction 수준 핵무장과 중국과의 경제 상호의존 때문에 패권국 미국은 도전국 중국을 선제공격 하거나 경제봉쇄정책을 취할 수 없다. 오히려 미국이 경제적으로 봉쇄당할 수도 있다. 급성장한 경제력을 배경으로 군사력을 증강하고 있는 중국의 팽창을 어느 정도까지는 받아들일 수밖에 없는 것이 현실이다. 앨리슨Graham Allison 교수는 100여 년 전 '사라예보의 총성'이 제1차 세계대전을 촉발했듯이, 미국이 북한의 ICBM 개발을 군사적으로 응징하고, 북한이 서울 폭격으로 대응할 경우 중국이 개입하여 미군과 중국군 중심으로 제2의 한국전쟁이 일어나는 등 미·중이 '투키디데스의 함정'에 빠질 가능성이 있는 것으로 보고 있다.

중국의 동아시아-서태평양 패권 장악 가능성

1978년 12월 개혁·개방 이후 군인 출신으로는 유일하게 중국 공산당 정치국 상무위원을 지낸 해군제독 류화칭劉華淸은 1980~1990년대 이미 중장기 해양전략을 수립했다. 그는 세계 물류의 90% 이상을 담당하는 해양의 중요성에 주목하고, 지속적인 경제 발전을 위해서는 '대양해군'이 필수적이라고 판단했다. 미국 항공모함 전대의 압박은 A2/AD 전략의 핵심인 DF 미사일로 저지하면 된다고 보았다. 오키나와를 기점으로 우선 타이완, 필리핀, 보르네오에 이르는 선을 제1 도련선第一島鏈線·island chain으로 정하고, 2010년대에는 이 해역에서 미군을 축출해야 한다고 했다. 2030년까지는 여러 개의 항공모함 전대를 구성하여 오가사와라 제도에서 괌, 사이판, 파푸아뉴기니를 연결하는 제2 도련선 해역에서 제해권을 수립

한다는 것이다. 제3 도련선은 미국 영토인 알래스카 알류샨열도와 하와이, 뉴질랜드를 연결하는 선이다. 이 때문에 제3 도련선에 대한 중국의 입장은 매우 조심스럽다. 미국이 세력 보존을 위해서라도 제3 도련선까지 후퇴하는 것이 불가능한 일은 아니다. 로버트 카플란은 『중국의 지리학The Geography of Chinese Power』에서 미국이 국력을 회복하려면 중국에게 서태평양을 양보하여 대양주남태평양, 하와이로 후퇴하고, 일본이나 한국 등 동북아시아 지역보다는 남태평양과 인도양 방위에 중점을 두어야 한다고 주장했다. 미국은 설령 동아시아-서태평양 패권을 포기하고 남태평양, 하와이로 후퇴하더라도 유라시아 대륙 서반부와 아메리카, 아프리카, 그리고 남태평양, 동태평양, 인도양, 대서양 등 세계 육지와 해역의 2/3 이상을 계속 통제하면서 중국에 대해 우월한 지위를 유지할 수 있을 것이다. 그리고 에너지와 식량 자원 부족이라는 약점을 지닌 중국이 군도방어전략을 추구하는 미국의 견제와 일본, 인도 등의 저항을 뚫고 아시아-태평양 지역에서 확고한 패권을 수립할 수 있을지도 불분명하다. 미국은 일본이 빠른 속도로 팽창하던 1930~40년대 초 짧은 기간 하와이 라인으로 후퇴한 경험이 있다. 일본은 1931년 만주, 1937년 화북·화중 일부, 1941년 홍콩을 점령했고 미얀마를 거쳐 인도아삼를 향해 진군했다. 1941년 12월 쿠릴열도 에토로후섬에서 발진한 6척의 항공모함을 앞세워 하와이 진주만을 기습한 데 이어 1942년 4월에는 필리핀 마닐라만灣 바탄 반도에서 필리핀 주둔 미군의 항복을 받아냈다. 전성기 일본제국은 웨이크 섬, 솔로몬 제도, 길버트 제도 등 하와이 이서以西 서태평양 거의 전역을 수중에 넣었다. 국토

면적과 인구, 경제력 등 여러 가지 측면에서 미국에 비해 크게 약했던 일본은 비교적 짧은 기간에 전쟁을 통해 크게 팽창했다가 패배하면서 현재 규모로 축소됐다. 미국은 세계 패권국 사상 유일한 식량, 연료 자급국인 반면, 중국은 식량과 연료 등 전략 물자 세계 최대 수입국이다. 중국은 석유와 식량 수송로를 지킬 수 있는 해·공군력도 갖고 있지 못하다. 과학기술 수준도 아직 상대적으로 낮다. 출산율 급전 직하에 따라 인구 구조 역시 경제 성장에 불리하게 바뀌었다. 하지만, 종이와 나침반, 화약 포함 4대 발명품이라는 창조의 DNA를 갖고 있으며, 광대한 내수시장도 가진 중국은 19~20세기 전반기 미국과 같이 거대한 인구와 국토, 경제력을 배경으로 팽창해 나가고 있기 때문에, 일단 팽창하고 나면 오래 유지할 것이다.

21세기를 향한
새로운 한·일 파트너십

일본의 대륙 집착

현대 일본인의 주류가 된 야요이인彌生人은 한반도 중남부에서
살다가 예·맥계와 말갈계 민족에게 밀려 기원전 7세기부터 기원후
4세기에 걸쳐 일본열도로 이주해 갔다. 이들은 원주 조몽인을 정복
하여 일본인을 형성했다. 이에 따라, 일본인은 한반도를 포함한 아
시아 대륙에 연고권을 갖고 있다는 집단의식을 갖게 되었다. 일본
이 고대국가를 완성한 것도 수·당과 만주–한반도 북부를 영토로 한
고구려 간 격돌과 밀접한 관련이 있다. 수·당의 고구려 침공은 덴노
가문에 의한 국가통합으로 나타났다. 덴노 가문의 국가통합은 백제
부흥군에 대한 대규모 군사지원으로 이어졌다. 일본은 백제 부흥군

86   전문가들을 위한 미·중 신냉전과 한국 Ⅱ

을 지원했지만, 663년 백촌강 해전에서 백제-일본 연합군이 신라-당 연합군에게 대패하여 성과 없이 끝났다. 백촌강 해전 패배로 인해 일본은 대륙에 대한 연계와 영향력을 상실하게 되었다. 9세기 신라 해적이 종종 일본 서부 해안을 습격하여 큰 피해를 입히기는 했지만, 양국은 큰 충돌 없이 외교관계를 유지했다. 일본이 다시 대륙에 관심을 갖게 된 것은 11세기 동여진East Jurchen 세력의 큐슈 공략과 13세기 몽골-고려 연합군의 침공 때문이었다. 14~15세기 전국시대戰國時代를 거치면서 홋카이도까지 세력을 확대한 일본은 16세기 말 조선과 명나라 공략을 준비하고 실행에 옮겼다. 도요토미 히데요시군軍과 도쿠가와 이에야쓰군이 함께 전력을 기울여 조선과 랴오둥을 공략했더라면, 조선은 일본군에게 점령당했을 것이다. 일본의 대륙에 대한 공세는 19세기에 이르러 되풀이된다. 일본은 19세기 말 청·일 전쟁과 20세기 초 러·일 전쟁에서 승리하여 조선을 식민화하고, 타이완과 사할린 남부를 획득하며, 랴오둥 반도 일부까지 조차租借하는 데 성공했다. 일본은 국가이익선이론theory of national interests' line에 입각하여 만주 중심부와 연해주, 중국 해안지방에도 관심을 두고, 팽창정책을 취했다. 2020년 9월 면담한 주한일본대사관 공사에 의하면, 일본은 지금도 한반도 남부와 타이완을 일본의 생명선 안에 포함시키고 있다 한다. 2021년 10월 대화한 한중일 협력사무국TCS 일본인 차장도 '일본은 타이완과 함께 한반도 남부를 일본의 사활적 이해 지역으로 보고 있다.'고 했다.

군국주의의 맹아萌芽

1929년 10월 미국에서 시작된 대공황Great Depression은 신흥제국 일본에 큰 영향을 미쳤다. 일본은 1931년 만주 침공 등을 통해 위기를 극복하려 했다. 1936년 2월 26일 새벽, 도쿄에 주둔한 일본 육군 1사단 소속 위관급尉官級 장교들이 "간신배를 척살하고, 덴노 중심의 정치를 해야 한다"는 '손노토캉尊皇討奸'을 기치로 1,400여 명의 병력을 동원, 반란을 일으켰다. 이들은 총리 관저, 국회의사당, 참모본부 등을 습격했다. 반란은 곧 진압되었다. 반란 이튿날 계엄령이 선포되고, 그 다음 날인 2월 28일 덴노 히로히토가 반란군의 원대 복귀를 명령했기 때문이다. 덴노의 명령으로 거사 명분을 잃은 반란군 장교 일부는 자결하고 일부는 투항해 사건은 종결되었으나, 국수주의로 방향을 튼 일본은 이후 폭주를 거듭했다. 일본은 1937년 7월 중국을 침공하고, 1941년 12월 하와이 진주만을 기습했다. 일본은 1945년 히로시마와 나가사키에 원자탄 세례를 받고 무조건 항복했다. 2021년 현재 일본은 어떻게 바뀌었을까?

자기 집착

일본 경제는 1980년대 말 전성기를 마지막으로 내리막길을 걷고 있다. 1990년과 비교, 2020년 독일 GDP 2.3배, 미국 GDP 3.5배, 한국 GDP 5.9배, 중국 GDP는 37배나 증가했지만, 일본 GDP는 1.5배 증가하는데 그쳤다. 지난 13년간 한국인 평균 수입은 58%

증가한 반면, 일본인 평균 수입은 10% 감소했다. 2021년 현재 일본인 평균 구매력은 한국인 평균 구매력보다 낮다. 일본 전문가들은 현재의 '위축된' 일본이 '1930년대' 일본과 비슷한 점이 있다고 한다. 당시 일본은 미국과 소련, 중국을 (가상의) 적으로 설정하고, 공세적 통화정책평가 절하을 통한 경기부양을 추구하며, 외국 진출을 강화하고, 매스컴 장악을 기도했다. 무기 수출에 적극적이며, 추신쿠라忠臣藏 포함 무사도武士道를 찬양하는 분위기를 고조시켰다. 자기애narcissism와 자기집착의 시대였다. 오늘날에도 일본을 찬미하는 서적이 베스트셀러 목록에 오르고 있다. 자기애와 국수주의ultra-nationalism에 빠져 선진국으로 발돋움한 한국을 혐오하고, 초대국 중국을 배격한다. 일본은 최근 △독도 △일본군 위안부 문제 △강제 징용 희생자 문제 △한국 구축함-일본 초계기 충돌 문제 등으로 한국과 대립하고 있다. 중국과는 센카쿠 열도조어도 영유권 문제, 남중국해와 타이완 해협 'FONOP' 문제 등으로 부딪히고 있다. 일본은 2019년 7월 첨단기술제품 수출을 제한하는 등 대對한국 경제 제재를 감행하기도 했다. 중국과도 싸울 수 있다는 생각이 일본사회에 확산되고 있다. 센카쿠 열도 영유권을 놓고 중국과 전쟁이 벌어지면 전자·정보통신ICT 기술을 총동원하는 현대전이 될 것이며, 일본이 이길 것이라고 확신한다.

강대국 일본

　2015년 11월 2일, 3년 6개월 만에 서울에서 개최된 한·일 정상
회담에서 아베 총리는 남중국해 'FONOP'문제를 거론하는 등 미·
중 사이에서 고민하는 한국의 아픈 곳을 건드렸다. 그로부터 약 2년
뒤인 2017년 7월 함부르크 G20 정상회의 계기 면담을 시작으로 문
재인 대통령과 아베 총리는 여러 차례 만났지만, 제2차 세계대전 종
군 위안부 문제와 강제 징용자 배상 문제 등으로 인해 한·일 간 감
정의 골은 깊어지고 갈등은 더 심해졌다. 스가 요시히데를 거쳐 기
시다 후미오가 총리가 된 2021년 12월까지도 한·일 관계는 평행선
을 달리고 있다. 바이든 행정부가 한·일 관계개선을 촉구하고 있을
정도이다. 한편, 중국은 2008년 12월 일본이 점유한 센카쿠 열도에
해양조사선을 잇달아 파견했다. 아소 다로 총리의 지시를 받은 일본
해양경비대는 경비정을 파견하여 중국 해양조사선을 강제 퇴거시
켰다. 이 사건을 전후하여 중국이 전자 산업에 필수적인 희토류 수
출을 금지하자 일본은 굴복할 수밖에 없었다. 아시아 최강자로 부상
한 중국의 자신감이 그대로 드러난 사건이었다. 저자는 그 5개월 전
인 2008년 7월 제네바의 한 식당에서 주제네바 일본대표부 참사관
과 오찬을 함께 했는데, 그는 일본 조야朝野 모두 중국의 부상이 동
아시아의 불안정과 전쟁으로 이어질 가능성을 우려하고 있다고 말
했다. 일본은 1854년 페리 흑선에 의한 개항 이후 중국을 압도하는
실적을 쌓아왔다. 1875년 전全 쿠릴열도 확보, 1879년에는 오키나
와 열도 병탄併呑에 성공했다. 1894년~95년 청일전쟁에서 승리하

여 타이완을 획득하고, 조선반도에 대한 영향력을 확고히 했다. 불과 10년 후인 1905년 뤼순, 선양을 포함한 남만주 일대와 쓰시마해협에서 러시아를 격파, 조선과 남사할린을 장악했으며 랴오둥의 관동주關東州, 다롄 일대를 조차하는데도 성공했다. 일본의 급속한 팽창에 놀란 미국은 '오렌지 작전'이라는 일본 침공 계획을 수립하기도 했다. 일본은 제1차 세계대전1914~18을 이용하여 만주와 네이멍구, 산둥, 푸젠 등으로 세력을 확장했다. 러시아 혁명기인 1918년에는 연해주 포함 시베리아에도 출병했다. 일본은 1945년 8월까지 동아시아-서태평양 패권국으로 군림했다. 당시 일본은 독일, 미국, 소련, 영국과 함께 세계 5강의 일원이었다. 일본 열도, 오키나와, 한반도, 타이완, 관동주, 남사할린, 쿠릴열도, 남양군도南洋群島 등을 포함한 영토는 70만㎢ 이상에 달했다. 2차 대전에서 패한 일본은 1950년 6·25로 부흥했다. 1970년대 말에는 세계 2위 경제대국으로 등장했다. 동북아에 위치한 열도국가 일본은 2021년 현재 인구 1억 2,500만 명, GDP 5조 3,000억 달러독일 4조 2,000억 달러, 한국 1조 8,200억 달러, 면적 37.8만㎢, 동서 약 3,000㎞, 남북 약 5,000㎞의 영토 범위를 가진 경제력 3위, 군사력 5위의 강대국이다. 일본의 영토 범위는 남아시아의 아대륙亞大陸 국가 인도에 필적한다. 일본이 △동아시아 동북부에 위치하고 있다는 것과 △도서국가라는 지정학적 위치가 향후 일본의 진로를 결정하리라는 사실은 의심의 여지가 없다. 중국의 부상에 대항하여 일본이 선택 가능한 외교안보정책은 어떤 것이 있을까?

중국발 쓰나미가 일본열도를 휩쓸 것

일본 지도자들은 중국의 부상이 본격화한 1990년대 말부터 일본의 진로에 대해 고민하기 시작했다. 그들은 증강된 중국의 힘이 한반도나 타이완을 거쳐 일본까지 밀려들 것으로 본다. 아베 신조가 2012년 다시 총리가 될 수 있었던 것도 중국의 부상과 북한의 핵무장에 힘입었다. 그 만큼 일본은 중국과 한반도 상황 변화에 매우 민감하다. 일본의 정치·외교 엘리트들은 △7세기 백제-왜 연합군의 신라-당 연합군과의 백촌강 해전 패배 △13세기 2차례에 걸친 여몽麗蒙 연합군의 큐슈 침공 △1950년대 초 6.25 전쟁 시 부산적기론釜山赤旗論 등 대륙세력이 한반도를 거쳐 일본을 침공하려 한 역사적 사실을 선명하게 기억한다. 텐노 히로히토는 1946년 8월 친히 주관한 전·현직 총리들과의 간담회에서 미국과의 태평양 전쟁 패배를 백촌강 해전 패배에 비교했다. 중국 중심 새로운 동아시아-서태평양 질서가 수립될 가능성이 커지는 상황에서 일본 지도자들이 느끼는 불안감은 상상을 초월한다.

3가지 길

일본이 선택 가능한 외교안보 정책은 어떤 것일까?

첫째, 미국과의 동맹 강화다. 일본이 미국에 인도-태평양 전략과 QUAD 창설을 제의한 것은 결코 우연이 아니다. 아베 신조 전前 총리, 아소 다로 자민당 부총재총리 역임, 모테기 도시미쓰 자민당 간

사장^{사무총장}, 요미우리신문을 포함한 민족주의 세력은 미일동맹을 20세기 초 영일동맹 이상의 수준으로 강화해야 한다고 주장한다. 이들은 중국의 팽창을 저지하기 위해 미국과 함께 한국, 타이완, 베트남, 호주, 인도 등을 하나로 묶어야 한다고 생각한다. 이들은 일본을 메이지明治 시대 위치로 되돌려 놓으려 한다. 아베 총리는 2018년 4월 제2차 세계대전 A급 전범을 '국가의 초석'으로 부르는 등 전후 질서를 부정했다. 아베에게 사상적으로 큰 영향을 미친 외할아버지 기시사토는 2차 대전 A급 전범 용의자로 만주국에서 근무한 적 있으며 전후 총리를 지냈다. 아베 신조와 그의 아버지 아베 신타로의 이름 중 '신晋'은 메이지 유신의 영웅 초슈야마구치 하기萩 출신 무장 다카스키 신사쿠高杉晋作의 '신晋'에서 따왔다. 아베는 종종 다카스키 신사쿠의 묘지를 참배할 정도로 그에게 깊은 존경심을 보인다. 2014년 7월 다카스키 신사쿠 동상 제막식에도 참석했다. 아베는 메이지 유신의 사상적 기초를 제공한 요시다 쇼인에게도 존경심을 품고 있다. 아베의 정치성향은 메이지 유신 이래 주류로 살아온 가족적 배경을 떼어놓고는 설명할 수 없다. 아소 다로 역시 메이지 유신의 두 축 가운데 하나인 사쓰마번가고시마 출신 지도자 오쿠보 도시미치와 혈연적으로 연결되어 있다.

둘째, 기시다 후미오 총리, 고노 다로 자민당 홍보본부장, 스가 요시히데 전前 총리, 하야시 요시마사 외상, 하토야마 유키오 전前 총리, 아사히신문과 마이니치신문 등 온건 민족주의 세력은 미국과 밀접한 관계를 유지해나가되 중국과 한국 등 인근국과의 관계도 개선해야 동아시아의 안정과 평화 유지, 나아가 일본의 발전도 가능하다고 본다. '아시아 접근'이라는 말로 요약된다. 한편, 스가 전前 총리의 아버지 스가 와사부로는 일본의 만주 통치기구의 하나였던 만철滿鐵 출신이다. 하토야마 전前 총리는 중국, 한국 접근론자로 일본 내에서는 이단아로 꼽힌다. 온건 민족주의 세력은 중국, 한국과 적대하면 국가적 손해를 볼 것이라 생각한다. 민주당이 정권을 장악한 2009년 이후 약 3년간 일본은 대對중국 접근을 추구, 미국을 당황스럽게 만들었다. 2009년 12월 오자와 민주당 간사장이 인솔한 140명의 대표단이 일본-중국 관계의 미래와 관련된 대화를 위해 베이징을 방문할 무렵 오바마 미국 대통령의 머리칼이 단기간에 새하얗게 변했다는 말이 워싱턴 외교가에 떠돌았다. 하지만, 같은 민주당 출신 노다 요시히코 총리가 2012년 9월 센카쿠 열도 국유화 조치를 취하면서 중·일 관계는 급속히 냉각되었다.

셋째, 다카이치 사나에 전前 총무상아베 전 총리의 피후견인, 고이케 유리코 도쿄도 지사, 일본유신회, 산케이신문을 포함한 우익세력은 '전략적 독립' 흐름을 대표한다. 이들은 자위대가 아닌 자위군自衛軍을 보유해야 하며, 한반도와 만주 침략은 일본 안보를 위한 불가피한 선택이었고, 태평양전쟁은 미·영에 의해 강요당한 전쟁이었다고 생각한다. 전략적 독립론은 일본의 국력이 중국에 비해 현저하게 열세이며, 그 격차가 확대되는 추세를 볼 때 비현실적이다.

'아시아 접근론'을 택한 민주당 정권은 2011년 3월 도호쿠東北 대지진과 이어진 쓰나미, 후쿠시마 원전사고 수습 실패 등으로 인해 민심을 잃고, 민족주의 세력에게 정권을 넘겨주었다. 권좌에 복귀한 아베 총리 등 일본 민족주의자들은 예상대로 미국에 접근했다. 이들은 일본 단독으로는 초대국 중국에 맞설 수 없으며, 패권국 미국이 최소 20~30년은 더 현재의 위상을 유지할 것으로 보고 있다. 따라서 대미對美 동맹을 강화해야 일본의 활동 반경이 넓어지고, 중국도 일본을 무시하지 못할 것이라 여긴다. 일본의 국가 진로와 관련된 위 3가지 흐름은 칼로 베듯 명확하게 나뉜 것은 아니다. 특정 엘리트의 생각 또한 국내 정치 환경과 국제 정세 변화에 따라 언제든 바뀔 수 있다. 다만 일본 정치인, 외교관, 군인들은 폭과 속도의 차이는 있으나 평화헌법 개정 등 전후체제를 바꿔 군대를 보유하고, 일본을 다시 강력하게 만들어 아시아에서 지도적 위상을 유지해야 한다는 데는 견해를 같이한다. 최근에는 중국의 고도성장이 지속될 경우 어쩔 수 없이 중국의 그늘 밑으로 들어가되, 중국의 성장이 정체될 경우 미국의 후원을 등에 업고 중국과 일전一戰을 벌여야 한다는 주장도 나온다.

중국 포위전략 선봉

약 140년 전에도 일본은 국가 진로를 놓고 기로에 섰다. ①사이고 다카모리 중심 대륙 진출 우선파와 ②오쿠보 도시미치, 이와쿠라 도모미 중심 내정 개혁 우선파는 국가의 진로를 놓고 전쟁을 벌였다. 1877년 세이난西南 전쟁이 그것이다. 농민 출신 징병군을 동원한 내정 개혁 우선파가 사무라이를 동원한 대륙 진출 우선파를 제압했다. 이후 일본은 '내정 개혁 후 해외 진출'이라는 점진책을 추진했다. 20세기 초 미국 대통령 시어도어 루스벨트는 일본의 손을 빌

려 러시아의 남진을 막고, 어부지리漁父之利로 만주를 차지하려고 했
다. 일본은 러시아의 남진 저지를 자임하고 나섰다. 전쟁할 수 있는
나라가 된 현재의 일본과 상당히 유사하다. 외부 세력에 일격一擊을
가할 수 있을 정도의 세계 제5위 군사력을 보유한 국가라는 점도 닮
았다. 일본은 중국 포위 전략의 선봉을 자처하며 '아시아 회귀pivot to
Asia'와 '중국 봉쇄'라는 미국의 세계 전략에 편승하여 군사력 증강에
나섰다.

나라는 칼로 지키는 것

아베 총리는 2015년 9월 안보법 처리를 감행함으로써 집단자
위권 행사의 봉인封印을 최종 해제했다. 일본이 직접 공격받지 않더
라도 제3국을 지원한다는 명분으로 대외 무력행사가 가능해진 것
이다. 여기에서 나아가 아베는 비록 실패하기는 했지만, 전력戰力 보
유 금지와 교전권 불인정을 명시한 평화헌법 9조를 개정하여, 일본
을 '전쟁이 가능한 보통 국가'로 바꾸려 했다. 1/2에 조금 못 미치는
일본인들이 헌법 9조 개정에 찬성한다. 일본 지도부는 일본의 장래
가 △미일동맹 유지 및 강화 △한반도와 타이완 안정 유지 △인도,
베트남, 호주 등과의 관계 강화에 달렸다고 본다. 중국이 부상浮上
하고, 일본이 총력 대응에 나섰으며, 북한이 핵무장한 지금은 '제비
와 참새의 집이 있는 초가草家가 불타오르고 기둥으로는 구렁이가
기어오르는' 연작처당燕雀處堂 상황이다. '일격을 가할 수 없는' 군대
를 갖고는 이러한 위기를 극복할 수 없다. 1905년 7월 미·일은 태프

트-가쓰라 밀약을 통해 각기 필리핀과 조선에 대한 권리를 확인해 주었다. 8월에는 영국이 제2차 영일동맹조약을 체결하여 일본 지원에 나섰다. 그로부터 석 달 후인 11월 17일 을사늑약이 체결되자 불과 7일 뒤 주駐조선 미국 공사 에드윈 모건은 일본 공사 하야시 곤스케에게 축하 인사를 남기고 조선을 떠났다. 선교사 호머 헐버트는 "미국은 작별인사도 없이 가장 모욕적인 방법으로 가장 먼저 조선을 버렸다."고 했다. 최후의 순간, 나라는 입외교이 아니라 칼군사력로 지키는 것이다. 전쟁을 기획·수행할 수 있는 능력을 가진 나라가 되어야 한다. 도움을 바란다면, 반격을 가할 수 있을 정도의 군사력은 갖고 있어야 한다. 단 한 번도 반격하지 못하는 나라를 위해 피를 흘려줄 나라는 세계 어디에도 없다.

북한이 남침하거나 북한에 급변사태가 발생하면 일본 내 7개 지점camps 주둔 미군 병력이 한반도에 투입될 것이다. 또한 자위대가 병참 지원에 나설 것이다. 6.25 전쟁시기인 1950년 9월 인천상륙작전에 참가한 47척의 군함 중 37척에 일본인이 탑승하고 있었다. 일본인은 원산만 소해掃海, 기뢰 제거 작전에도 투입됐다. 연인원 2만여 명의 일본인이 6.25 전쟁에 참전했다. 그때처럼 북한을 포함한 한반도에서 작전하는 미군을 지원하기 위해 미군의 요구로 자위대가 투입될 수 있다. 우리가 이를 제어할 방법은 없다. 전시작전통제권이 없는 우리의 한계다. 한반도는 미·일 등 해양세력, 중국 등 대륙세력 모두에게 사활이 걸린 땅이기 때문에 일방이 군대를 동원하여 현상 변경을 추구할 경우 타방도 자동으로 군대를 파견하게 되어 있다. 휴전선이 남·북 간 육상분계선이듯 NLL은 서해 해상분계선으로 NLL 이북 바다 역시 헌법상 우리 영해에 속한다는 것을 명확히 해야 한다. 신현실주의 국제정치학자 미어샤이머John Mearsheimer는 "미국은 역사를 통해 증명했듯 전쟁을 감수하고라도 패권경쟁국peer competitor을 용인하지 않을 것"이라고 말했다. 미일 동맹의 목적이 동아시아–서태평양 기존 질서를 위협하는 중국을 견제하는 데 있다면, 중국의 국가 전략은 한반도를 넘어 동아시아– 서태평양에 중국 중심 신질서조공질서를 수립하는 것이다. 일본은 중국의 동진東進 저지 선봉에 섰다.

어제의 적이 오늘의 친구

헤이세이 덴노 아키히토의 퇴위레이와 덴노 나루히토 즉위는 2차 세계 대전 패전국가 일본의 종언을 고하는 일대 사건이었다. 이웃 국가 중국·일본 모두 한반도를 자국의 핵심 이익권에 포함시키고 있다. 우리는 우리의 핵심이익core national interests이 무엇이고, 이것을 보호하기 위한 최선의 방안이 무엇인지 고민하고 있는가? 미·중 신냉전이 가시화되고 있다. 약화된 일본은 한국의 요구를 받아줄 여력이 더 이상 없고, 한국은 과거보다 일본을 덜 필요로 한다. 1세기 전 원한을 이유로 일본과 갈등을 계속하는 것이 우리 국익에 맞을까? AD 3세기 중국 삼국시대 북방 강국 위魏를 눈앞에 두고 촉蜀의 유비와 관우, 오吳의 손권과 여몽, 육손 등 국가 지도부 모두가 참전, 형주강릉와 이릉에서 이전투구를 벌인 끝에 안 그래도 위나라에 비해 약했던 국력을 더 약화시켜, 위나라와 위나라를 계승한 진나라에게 차례로 멸망당한 촉, 오의 사례를 생각해 보았는가? 지금처럼 일본과 계속 대립하면 결과는 양패구상兩敗俱傷뿐이다. 어부지리漁父之利를 취할 나라는 중국이다. 김대중 대통령은 1998년 쌓인 원한을 역사의 뒤뜰로 밀어 놓고 오부치 게이조 일본 총리와 '21세기를 향한 새로운 한·일 파트너십 공동선언'을 채택했다. 20세기 초 영국은 독일 제2제국 비스마르크 제국의 팽창을 저지하고자 Great Game의 라이벌 러시아, 아프리카의 지배권을 놓고 죽느냐 사느냐의 싸움을 벌인 프랑스의 손을 잡았다. 어제의 적이 오늘의 친구가 되기도 하는 것이 국제정치이다.

　심리의 기저에서, 성리학의 세례를 받은 한국인은 일본인을 교화시켜야 할 야만野蠻 오랑캐로, 일본중심주의 역사서 『일본서기』와 35년 간의 한반도 식민지배에 영향 받은 일본인은 한반도를 대륙세력의 침공을 1차 저지해 주는 외번外藩 정도로 인식하는 경향이 있다. 이러한 경향은 제2차 세계대전 종군위안부 문제, 강제징용 희생자 문제 등으로 인해 증폭되었다. 지금과 같은 한·일 대립 지속은 일본의 군국주의화를 촉진하는 기능을 할 수도 있다. 현재의 한·일 관계를 규정하는 프레임웍은 1965년 체결된 '한일기본조약'과 1998년 채택된 '21세기를 향한 새로운 한·일 파트너십 공동선언'이다. 1965년 당시 경제력 기준 한국의 국력은 일본의 1/30~40, 1998년의 경우에는 1/12~13에 불과했다. 2021년 현재 한국의 경제력은 일본의 1/2.9에 달한다. '1965년 체제'는 이미 오래전 시대적 한계에 다다랐다. 1998년 파트너십 프레임웍도 더 이상 변화된 한·일 관계 현실에는 맞지 않다. 몸이 커지면 커진 몸에 맞는 새 옷을 입어야 한다. 종군위안부 문제와 강제징용 희생자 문제도 결국 한국의 국력이 일본에 비해 상대적으로 증강되었기 때문에 부각된 것이다. 한국은 미·중 신냉전이라는 국제상황 변화에 맞추어 한·일 모두에게 이익이 될 수 있는 새로운 프레임웍을 고안, 일본에 제의 해야 한다. 한일기본조약 업그레이드와 함께 FTA 체결, 그리고 경 남 거제와 큐슈의 후쿠오카를 연결하는 총연장 222.7㎞의 고속철 도·고속도로해저길이 147㎞ 건설도 한 가지 방법이다. 부산광역시와 앞으로 건설될 가덕도 국제공항이 살아남기 위해서는 거제-쓰시 마-이키-후쿠오카 해저터널을 건설, 큐슈1,300만 명와 서부 혼슈 3개 현480만 명을 부산권으로 끌어들여야 한다. 일본 홋카이도와 사할린, 연해주를 해저터널로 연결, 서울에서 도쿄와 삿포로를 거쳐 모스크 바, 베를린, 런던까지 가는 시대를 열어야 한다. 나폴레옹의 공세 앞 에 놓인 오스트리아 제국과 프로이센 왕국이 상호 적대감에도 불구 하고 살아남기 위해 뭉쳤듯이, 한국과 일본도 살아남고 나서 싸워도 늦지 않다.

05

북한-중국 관계:
순망치한^{脣亡齒寒}, 동상이몽^{同床異夢}

순망치한^{脣亡齒寒}, 동상이몽^{同床異夢}

북한은 김정은, 김여정으로 대표되는 이른바 '백두혈통'이 공산
주의와 함께 유교, 기독교, 천황제, 미륵신앙 등에서 발췌·혼합한
주체사상을 바탕으로 핵 무장과 정보 통제 등을 이용하여 생존하는
최빈 후진국2021년 북한 1인당 GDP 1,300달러, 한국 36,300달러이다. 한편, 2011
년 12월 19일 조선중앙TV와 조선중앙방송은 정오正午 방송을 통
해 김정일이 12월 17일 08시 30분 급사急死했다고 발표했다. 중국
은 후진타오 국가주석이 포함된 특별소조를 구성하는 등 긴박한 움
직임을 보였다. 중국은 그날 오후 양제츠 외교부장을 통해 주駐중국
북한 대사대리 박명호2021년 현재 외무성 부상에게 중국공산당CCP 중앙위

원회黨, 전국인민대표대회상무위원회議會, 국무원政府, 중앙군사위원회軍 공동명의 조문을 전달했다. 같은 날 저녁 장즈쥔 외교부 제1부부장은 중국 주재 한국, 미국, 일본, 러시아 대사를 초치, 북한을 자극하는 어떠한 조치도 취하지 말 것을 요구했다. 다음 날 환구시보Global Times는 사설을 통해 '중국은 북한에 가해지는 압력을 막아 주는 방패 구실을 해야 한다'고 주장했다. 그날 오전, 후 주석이 직접 베이징 차오양구朝陽區 소재 북한대사관을 방문, 김정일의 사망에 조의를 표했다. 원자바오 총리, 시진핑 국가부주석, 리커창 제1부총리 등 여타 정치국 상무위원 8명도 모두 조문 차 북한대사관을 방문했다. 이러한 일련의 조치를 통해 중국은 김정은 체제 및 북한의 안정을 강력히 지지한다는 뜻을 국제사회에 널리 알렸다. 중국은 북한 급변사태에 대비하여 43만 명 규모의 선양군구2016년 2월 북부전구로 개편 소속 신속대응부대를 북한과의 국경에 배치하고, 조기경보기 정찰도 강화했다 한다.

중국의 한반도 전쟁 개입은 필연

1950년 6월 25일 남침 이후 공세를 계속하던 북한군이 UN군의 인천 상륙을 허용하는 등 패퇴 기미를 보이기 시작한 8월 20일 저우언라이周恩來 중국중화인민공화국 총리는 UN에 "중국은 조선반도 내 상황 전개를 우려하며, 조선반도 문제에 개입할 것"이라고 통보했다. 중국은 제3국 인도를 통해, 미국에도 "중국 안보를 위해 조선전쟁에 개입할 것"이라고 말했다. 당시 중국은 국민당과의 30여 년에 걸친 내전에서 승리한 끝에 정부를 수립한 지 1년도 채 되지 않

은 신생국가였다. 중국의 거듭된 경고에도 불구하고, 미군 주축 유
엔군과 국군이 북한군을 압록강-두만강 유역으로 거세게 밀어붙
이자 그해 10월 19일 중국군 30만여 명연인원 240만 명이 다롄 주둔 소
련군의 지원을 받아 야음夜陰을 틈타 압록강을 건넜다. 거의 같은 시
기, 중국군 4만 명이 티베트를 침공했다. 낭림산맥과 적유령산맥,
개마고원 골짜기 깊숙이 매복해 있던 중국군은 평북 운산, 평남 개
천 군우리, 함남 장진호長津湖 등에서 북진하던 국군과 유엔군의 측
면과 배후를 기습 공격해 격파하고, 12월 5일 평양을 점령했으며,
이듬해 1월 4일에는 서울까지 밀고 내려왔다. 중국군은 1951년 초
반에는 원주-금강 방어선까지 돌파할 기세를 보였다.

만주족의 청淸나라는 제국주의 국가들의 끊임없는 침략과 태평
천국의 난 등 농민반란으로 인해 멸망의 언저리를 헤매고 있었음에
도 불구하고, 일본에 맞서 1894년 6월 대군을 조선에 파병했다. 그
러나 청나라군은 일본군과 맞붙어 육상은 물론, 해상에서도 연전연
패했다. 그 결과 청나라는 타이완을 일본에 넘겨주어야 했으며, 한
반도에 대한 영향력도 상실했다. 지금으로부터 429년 전인 1592년
시작된 임진왜란 때 명나라는 △몽골의 거듭된 침공과 △만주족 누
르하치의 도전 △농민 대반란이라는 국가적 위기상황 하에서도 1차
로 4만여 명의 육군과 5,000여 명의 수군을 조선에 파병하는 등 종
전 무렵에는 14만여 대군을 조선에 주둔시켰다. 이렇듯 ①1950년
6·25전쟁, ②1894년 청일전쟁, ③1592년 임진왜란 시기 등 역대 중
국 정권은 한반도가 해양세력의 영향력 하에 들어갈 상황에 처할 때

마다 주저 없이 대군을 파병했다. 역대 중국 정권은 국력이 감당할 수 있는 범위를 훨씬 벗어난 대규모 병력을 한반도에 투입했다. 중국에 대한 북한의 중요성은 미국에 대한 멕시코, 캐나다의 비중보다 낮지 않기 때문이다. 중국은 1961년 7월 북한과 우호협력·상호원조군사동맹조약을 체결하여 북한의 공식 후견국이 되었다. 20년마다 갱신되는 이 군사동맹조약 2조를 근거로 중국은 유사시 북한에 군사력을 투입할 수 있다. 김정일 사망 시 중국이 취한 일련의 조치도 중국의 국가안보라는 시각에서 보면 쉽게 이해할 수 있다.

중국의 대對한반도 정책 변화

시진핑은 2013년 3월 후진타오로부터 △공산당 총서기 △국가주석 △중앙군사위 주석 3가지 직위 모두를 넘겨받고 집권했는데, 그 1개월 전인 2013년 2월 북한은 제3차 핵실험1차 2006년 10월, 2차 2009년 5월을 감행했다. 그해 12월에는 이른바 친중파親中派 장성택을 처형했다. 시진핑은 취임 후 6년 이상 김정은과 정상회담을 갖지 않았다. 오히려 중국 국가주석으로는 처음으로 박근혜의 (2013년 여름) 방중訪中에 대한 답방으로, 2014년 7월 북한에 앞서 한국을 먼저 방문했다. 2015년 9월 박근혜는 미국 동맹국 지도자로는 유일하게 천안문 망루에 올라 인민해방군이 (미국) 항모와 괌 군사기지 킬러로 알려진 DF 미사일 포함 첨단 무기를 과시하는 열병식을 지켜보았다. 박근혜는 6.25 종전 1년 뒤인 1954년 마오쩌둥과 김일성이 올랐던 바로 그 자리에 시진핑과 함께 선 것이다. 이에 대해, 미국과 일본은 물론이고, 특히 북한은 1992년 한·중 수교에 버금갈 정도로 큰 충격을 받았다. 이 무렵 중국의 대對북한 정책 변화를 예상, 또는 기대하는 외교관, 군 장성, 학자, 언론인의 목소리들이 부쩍 늘어났다. 일부 전문가들은 중국이 한반도의 안정보다는 '북한 비핵화'를 우선하는 방향으로 정책을 수정해나갈 것이라고 주장했다. 중국이 한국 주도 한반도 통일을 수용하는 방향으로 정책을 바꿀 것이라는 섣부른 보도도 나왔다. (2021년 현재는 어느 전문가도 그렇게 보고 있지 않다.) 심지어 북한 분할 점령 가능성도 회자되었다. '통일 대박' 발언도 이러한 분위기하에서 나온 것이다. 중국이 대외개방을 지향하고, 경제발전을 지속해나가는 반면, 북한은 폐쇄·고립 정책을 고수하여 경제난이 심화하는 데다 김정은으로 이어진 3대 세습권력을 구축함에 따라 중국인들의 북한에 대한 혐오감은 더 커졌다. 특히 장성택 처형은 북한에서 멀어지던 중국인의 마음을 더 멀어지게 했다. 안후이성 공산당 간부는 SNS에 '장성택 처형은 중국인들로 하여금 문화혁명의 광기를 떠올리게 한다.'고 썼다. 일부 중국 지식인은 북한을 실패한 국가a failed state로 간주하며, 중국의 한반도 정책을 바꿔야 한다고 주장하기도 했다. 중국 정부로서도 핵무기 보유를 추구하고, 친중파 장성택을 처형하며, 중국 기업의 나선항 임대차 문제 등을 제기한 김정은 정권을 결코 곱게 볼 리 없다. 하지만 중국은, 북한이 중국의 대對한반도 정책 변경 조짐에 반발하여 2016년 1월 4차, 같은 해 9월 5차, 그리고 2017년 9월 6차 핵실험을 감행했음에도 불구하고, UN 안보리 제재 이행 등 일정한 압박을 가하는 것 외에 조·중 군사동맹조약 폐기 등 북한의 생존을 위협할 만한 어떠한 조치도 취하지 않았다. 오히려 북한이 위기에 처할 때마다 근근이 생존은 해 나갈 수 있을 정도로 경제·외교적 지원을 계속했다. 4, 5, 6차 핵실험과 중거리탄도미사일IRBM 화성-12호, ICBM급 화성-14호 발사, SLBM 발사 시험을 전후해서도 북한을 압박하는 일련의 발언과 조치들이 나왔다. 하지만, 중국은 결정적 국면에서는 북한을 옹호했다.

전략적 이해관계 불일치하의 일치

북·중 관계에서 공산혁명동지共産革命同志라는 이념적 유대는 형해화形骸化된지 오래이며 남아 있는 것은 밉살스럽지만 서로가 서로를 필요로 하는「전략적 이해관계 불일치하의 일치同床異夢」뿐이다. 중국은 북한을 '순망치한脣亡齒寒'의 시각에서, 북한은 중국을 '동상이몽同床異夢' 시각으로 보고 있다. 중국은 러시아는 물론, 북한도 '믿을 만한ironclad' 우방으로 보지 않는다. 중국의 입장을 역지사지해 볼 필요가 있다. 중국의 관점에서 북한은 면적 12만 3,000㎢, 인구 2,500만 명, GDP국내총생산 260억 달러한국의 약 1/65의 약소국이기는 하지만, 육지로는 만주, 바다로는 보하이만渤海灣, 서한만西韓灣과 연접하고, 일본을 직접 공격할 수 있는 동해로의 출구를 담보하는 요충 중 요충이다. 북한은 보하이만, 서한만과 만주의 안보를 확보할 수 있는 방파제인 동시에 미국·일본 등 해양세력을 공격할 수 있는 발판인 반면, 잃어버리면 만주와 보하이만 나아가 베이징도 위협받게 되는 그야말로 사람의 목구멍咽喉과 같이 중요한 위치를 차지한다. 중국에게 있어 육지로 연결된 북한이 가진 군사전략적 가치는 비교할 대상이 없을 정도이다. 일부 전문가들은 중국이 과거와 다르게 북한을 전략적 자산이라기보다는 부채liabilities로 여기기 시작했다는 주장을 펴기도 했으나, 이는 호수의 표면에 이는 잔물결만 보고 심층도 그럴 것이라고 오해한 데서 비롯된다. 중국의 진심은 국가 최고지도부인 공산당 정치국이 '러시아가 북한을 포기한 후 영향력을 상실한 사례에서 얻은 교훈'이란 제목의 보고서를 극찬한 데서도 잘 알 수 있다. 중국이 국가 안보에 꼭 필요하기 때문에 북한을 중시하는 것과 마찬가지로 북한도 중국을 믿지는 않지만, 정권 생존을 위해 반드시 필요하기 때문에 중국과의 관계를 중시한다.

중국이 북한 후견後見

북한에 대한 시진핑 정권의 입장은 북한이 4차 핵실험을 감행한 이후 크게 바뀌었다. 중국 안보에 미치는 북한의 지정학적 중요성脣亡齒寒을 제대로 이해·인식한 것이다. 시진핑은 박근혜의 대對북한 압박 요구에 응하지 않았으며, 한국이 사드THAAD 한국 배치 수용, 개성 공단 폐쇄, 일본과 종군위안부 문제 해결 합의 등 급속하게 미·일에 접근하자 대對한국 경제 제재 등으로 대응했다. 하지만, 시진핑은 싱가포르 북·미 정상회담 개최가 가시화된 2018년 3월이 되어서야 김정은과 제1차 북·중 정상회담을 개최했다. 시진핑은 2018년 3월 1차베이징, 5월 2차다롄, 6월 3차베이징, 그리고 2019년 1월 4차베이징, 6월 5차평양 등 5차례나 김정은을 만나는 등 북·미 문제 관련 김정은의 뒷배가 되어 주었다. 시진핑과 김정은은 5차례나 정상회담을 개최했지만, 4차까지는 중국에서만 회담을 개최했다. 회담 개최 장소만 보더라도 중국이 북한을 후견後見하고 있다는 것이 명백하다. 북·

중은 정상회담 시 △'운명 공동체' △'순치脣齒' △'한 집안' △'형제' △'우의友誼 전승' 같은 말을 쓰면서 북·중 관계가 2015년 9월 박근혜의 천안문 망루외교 이전으로 돌아갔음을 확인했다.

북한-미국-중국 관계

북한, 미국의 핵우산 제공 희망

1990년대 초 냉전 종식 후 북한은 생존을 위해 핵무기와 미사일 개발에 몰두했다. 소련 출신 핵 전문가들이 큰 역할을 했다. 한국을 적으로 두고 있기 때문에 개방을 하면 한국의 실정을 알게 될 주민이 봉기할 수 있어 쉽게 개방할 수도 없다. 북한은 3대 세습이라는 성리학적 공산共産 전제왕정으로 이행했다. 북한의 안정을 바라는 중국의 지원이 계속되지만, 과도한 대對중국 의존이 정권 안정을 저해한다는 사실을 알고 있는 북한은 미국·일본·한국과의 관계 개선도 시도했다. 김계관 외무성 부상은 2007년 3월 뉴욕에서 "북미관계가 정상화하면 북한이 중국을 견제하는 전략적 역할을 수행할 수 있다"고 말했다. 최선희 외무성 북미국 부국장현재 제1부상은 2012년 3월 미국 시라큐스대학Uni. Syracuse 주최 세미나에서 "미국이 한국에 핵우산을 씌워주는 것처럼 우리에게도 핵우산을 씌워주면 핵무기를 개발할 이유가 없지 않으냐?"고 반문했다. 사망한 김용순 노동당 비서는 1992년 미국에서 개최된 북·미 고위급 회담에서 북·미 수교를 제안하기도 했다. 이와 같이 북한은 '친미국가親美國家'가 될 수도 있다는 시그널을 줌으로써 북한에 대한 미국의 희망을 자극, 더 많은 양보를 끌어낼 수 있으리라는 기대도 했다. 북한은 2014년 10월 4일 인천 아시아경기대회 폐막식 때 황병서북한군 전 총정치국장와 최룡해노동당 비서, 최고인민회의 상임위원장를 한국에 파견하는 등 성동격서 방식으로 중국에 메시지를 전한 적도 있다. 중국은 황병서, 최룡해 등의 인천 방문 후 북한의 진의를 파악하고자 수많은 정보원과 외교관을 동원했다.

'지정학적 숙적' 중국

북한의 대對중국 불신은 오랜 역사를 가졌다. 단적인 예가 1956년 8월 개최된 북한 노동당 전당대회이다. 전당대회장에서 권총을 빼들고 윤공흠, 최창익, 서휘 등 친중 연안파延安派 간부들을 위협한 이가 최룡해의 아버지인 헤이룽장성 지둥현鷄東縣 출신 최현이다. 연안파조선독립동맹는 1958년까지 평남 회창 등에 주둔하던 중국군에 기대어 김일성 일파와 권력투쟁을 벌였다. 마오쩌둥은 1956년 9월 파북派北 중국군 사령관을 지낸 펑더화이彭德懷를 파견하여 김일성에게 연안파 탄압을 중단하라고 요구했다. 한편, 북한 지도부는 ①주로 동북만주, 나중 극동러시아에서 활동한 동북항일연군 출신 빨치산파김일성, 김책, 강건, ②남한 출신 국내파박헌영, 허헌, 이강국, 이승엽, ③타쉬켄트 출신 등 소련파허 알렉세이, 남일, 박창옥, 박영빈와 ④연안파김두봉, 김원봉, 김무정로 구성되어 있었다. 김일성은 파병된 중국군이 휴전 이후에도 북한에 눌러 앉을 기미를 보이자 중국군을 철수시키기 위해 온갖 애를 다 썼다. 김일성은 1958년 10월 중국군 철수 이후 중국의 지원을 받지 못하게 된 연안파를 숙청하는 데 결국 성공했다. 중국은 1990

년대 초 이후 △한반도 안정과 △북핵 문제 해결 사이에서 양다리를 걸쳐 왔다. 북한도 중국과 미국 사이를 저울질했다. 북한은 미·중 등 강대국 정치의 희생양이 될지 모른다는 위기의식에다 인구 약 2배, GDP 65배가 넘는 한국에 흡수당할지 모른다는 두려움도 갖고 있다. 북한이 적敵으로 상정한 나라에는 한국, 미국, 일본 외에 지정학적 숙적 중국도 포함된다. 북·중 경제협력은 북한의 개혁·개방을 유도한다는 긍정적 측면, 그리고 북한에 대한 중국의 영향력 확대와 북한의 대對중국 의존도를 심화하는 부정적 측면을 아울러 가졌다.

'줄타기 외교'

동아시아-서태평양 지역에서 미·중 간 이해관계 불일치는 북한의 생존에 큰 도움을 주고 있다. 북한은 정권 생존을 위해서라면, 외부 세계가 북한을 봉쇄하더라도 모든 수단을 동원하여 핵무장을 강화하려 들 것이다. 김정은을 포함한 북한 지도부는 핵무기를 포기하면 정권에 대한 내부 구성원들의 신뢰조차 상실하여 가다피 정권의 전철前轍을 밟을 수 있다고 보고 있다. 북한은 1960~80년대 중·소 사이에서 줄타기 외교와 1990년대 이후 미국을 상대로 핵무기 외교를 하면서 강대국을 어떻게 다뤄야 하는지를 경험으로 익혔다. 북한은 중·소 분쟁이 마지막으로 고조되던 1984년 11월 '소련 해군에 원산항과 남포항 사용을 허가할 수 있다.'는 카드로 중국이 대對소련 레버리지로 추진하던 미국 7함대의 칭다오靑島 기항을 좌절시켰다. 사면초가四面楚歌의 북한 지도부는 핵무장을 통해 안보를 확고히 한 다음에야 경제 발전을 이루어낼 수 있다고 확신해 왔다. 핵·경

제 병진竝進정책을 추구한 이유이다. 북한은 미·중 간 상충되는 이해
관계를 이용해 핵무기와 미사일 기술을 확보했을 뿐만 아니라 중국
으로부터 외교·경제 지원도 받고 있다. 그러면서도 북한은 대對중국
레버리지를 확보하고자 미국, 러시아뿐 아니라 한국과 일본에도 접
근했다. 스가 일본 총리는 2020년 9월 김정은과 조건 없는 정상회담
을 제의했다. 일본대표부 평양 설립도 희망했다. 북·일관계가 정상
화되면 UN 제재 해제 시 북·일 간 연간 교역규모가 20억 달러에 달
할 것으로 전망된다. 일본의 대對북한 유·무상 원조가 연 17억 달러,
북한인의 일본 방문은 연 2만 명을 넘을 것으로 추산된다.

동아시아-서태평양 주둔 미군

한·일 포함 동아시아-서태평양 주둔 미군의 존재는 중국으로
하여금 만주와 보하이만을 지켜주는 참호 북한을 지원하지 않을 수
없게 하고 있다. 동아시아 주둔 미군은 한국과 일본 등 동맹국을 지
켜줄 뿐 아니라 역설적이게도 북한 정권의 생명을 연장해 주는 역할
도 하는 셈이다. 북한은, 미국이 '4 No정권 교체, 정권 붕괴, 흡수 통일, 북침 4가
지를 안 하겠다'를 천명해도 믿지 않고 있다. 그런데, 가까이는 연평도 포
격 사건, 멀리는 △6·25전쟁 △청일전쟁 △임진왜란까지 해양세력
이나 대륙세력 어느 한쪽이 일방적으로 한반도 문제를 해결한 적
은 한 번도 없었다. 6·25 전쟁 때도 현대식 무기로 무장한 미군이,
해·공군력도 제대로 갖추지 못한 중국군을 격파하지 못했다. 북한
은 핵실험과 미사일 발사 시험 등을 통해 「약한 고리」인 한국을 흔
들고, 이를 통해 한반도를 둘러싼 '지정학 체스판'을 유리하게 짜

려 한다. 북한은 정상회담 포함 남북대화를 하면서도 2006년 10월부터 2017년 9월까지 11년 간 6차례나 핵실험을 감행했다. 2017년 IRBM급 화성-12호와 ICBM급 화성-14호를 발사하는 등 미국과 핵전쟁 불사를 외치고, 2019년 30㎞ 이하 저고도 비행이 가능한 이스칸데르알렉산더급 KN-23, -24 탄도미사일 발사 시험을 했으며, 2020년 6월에는 남북공동연락사무소를 폭파했다. 그해 10월에는 신형 ICBM과 SLBM을 선 보였다. 그러면서도 2021년 7월 남북 통신선 복원에 응하기도 했다. 한국이 대對북한 강경책을 택하건, 온건책을 취하건 북한은 체제와 정권 유지에 도움이 되는지 여부만을 기준으로 행보한다. UN 안보리의 대對북한 제재로 인해 2019년 북한의 대對중국 무역의존도는 95%를 넘어섰다. 북한의 대對중국 무역적자는 24억 달러에 달했다. 중국이 경제 제재를 감행하면 북한은 고사하게 되어 있다. UN 안보리 제재 등으로 인해 전기와 석유를 포함한 에너지와 식량 부족은 만성적이다. 북한은 경제난 극복을 위해 가족농圃전제 도입, 장마당 허용 등 시장화와 함께 중국을 비롯한 외부 세계와의 경제협력을 추구해왔다. 전국에 500여개 넘는 장마당이 들어섰으며, 평양에는 24시간 문을 열고 주문한 물건을 배달해주는 상점도 생겨났다. 맥주집과 고급 마사지 업소가 있고, 택시도 다닌다. 광범하게 핸드폰을 사용하고, 외부 세계와 전자상거래도 한다. 겉으로는 멀쩡해 보이는 고층빌딩이 즐비한 평양은 '평해튼'이라고도 불린다. 하지만, 북한은 일정 범위 이상으로 한국과의 경제협력이 증대되면 체제가 무너질 수 있다고 본다. 북한이 6차례나 핵실험을 감행하고 장·중·단거리 미사일 발사 시험도 수시로 감행했는데도 불구, 아직까지 한국은 물론 미·중도 북한의 생존에 결정적 타격을 주는 조치는 취하지 못하고 있다. 핵무장을 추구한 이란에 대해 그러하듯 석유 수출 저지 미국은 독자적으로 강력한 대對북한 제재를 취할 수 있다. 북한과 거래하는 중국 공·사公私기업으로 하여금 북한과의 거래를 완전히 끊게 만드는 조치제3자 제재를 취할 수도 있다. 만약 그렇게 한다면 북한은 얼마못가 붕괴할 수 있다. 하지만 미국은 △중국과의 관계를 고려해선지 △완벽한 제재가 전쟁 등 한반도의 불안을 야기할 소지를 우려해선지 △북한이 말썽거리로 남아 있는 것이 미국의 동아시아–서태평양 정책에 도움이 된다고 판단해선지 북한이 붕괴할 정도의 제재는 가하지 않고 있다.

'햇볕'이나 '강풍'으로 벗길 수 없는 북핵

북한에게 핵무기는 '햇볕' 혹은 '강풍'으로는 벗길 수 없는 심장 그 자체이다. 핵무기는 심장이기에 햇볕정책이나 봉쇄정책, 그 어느 것으로도 제거할 수 없다. 그럼에도 불구하고, 우리는 진보보수 정부 정책이 '맞다, 아니다.'를 놓고 소모전을 벌인다. 핵무기를 포함한 북한 문제는 미·중이 타협하지 않는 한 해결 불가능하다. 북한을 전략적 자산으로 보는 중국이 산소호흡기 노릇을 계속하는 한 북한은 핵무기를 안고 생존해 나갈 수 있다. 미국 또한 기본적으로 동아시아–서태평양 현상 유지를 선호한다. 도전국인 중국에 비해 상대적으로 국력이 약화되고 있는 '기존 대국' 미국으로서는 북핵 문제 해결을 적극 추진할 이유가 없다. 이는 결렬로 끝난 2019년 2월 말 하노이 제2차 북·미 정상회담 결과를 통해서도 유추해 볼 수 있다. 우리가 해결해야 한다. 남에게 국가안보를 맡기는 나라는 결국 당하게 돼 있다.

괵망우망虢亡虞亡: 중국과 북한

중국 지도부는 춘추전국시대와 삼국시대 등의 역사를 연구하여 국가정책 수립에 참고한다. 춘추시대 초강대국 진晉나라 헌공獻公은 이웃 소국 우虞나라 군주에게 괵虢나라를 치기 위해 군대를 보내고자 하니 길을 빌려줄 것을 요구했다. 길을 빌려주면 많은 금은 보화를 보내겠다는 약속도 했다. 이에 넘어간 우나라 군주는 진나라의 의도를 간파한 재상 궁지기의 반대와 괵나라의 거듭된 호소에도 불구, 진나라 군대에 길을 열어주었다. 괵나라를 점령한 진나라 군대는 돌아오는 길에 우나라도 멸망시켰다. 중국우에게 있어 북한괵은 해양세력을 견제하는 입술과 같은 존재다脣亡齒寒. 제2차 세계대전 막바지인 1945년 초 장제스 정부는 한강 이북 점령 계획을 수립했다. 중국이 6.25 전쟁에 개입한 것은 중국공산당이 국민당과의 30년 내전에서 승리한 지 1년이 채 되지 않았을 때였다. 중국은 6.25 전쟁은 남·북 내전에서 시작되어 1950년 10월 19일 중국의 군사개입 후 미·중 전쟁抗美援朝戰爭으로 성격이 바뀌었다고 본다. 6.25 전쟁조선 내전은 1950년 10월 24일 북한의 압록강초산 패배로 끝났다고 생각한다. 중국은 지금도 △한반도 분단은 미·소의 책임이며, △6.25전쟁은 기본적으로 내전이고, △조선 내전에 외세가 개입할 권리는 없었으며, △항미원조, 즉 6.25 전쟁 시 중국군 연인원 240만 명 한반도 파병은 미국의 위협 하에 중국의 생존과 안전을 지키기 위한 불가피한 선택이었다고 강변한다. 중국의 6.25에 대한 민족주의적 입장이 강화되고 있다. BTS방탄소년단는 2020년 10월 7일 개최된 밴플리트James Alward Van Fleet상 시상식에서 "한국전쟁 70주년을 맞아 의미가 남다르다."며 "우리 양국our two nations이 겪은 고난의 역사와 많은 남녀의 희생을 영원히 기억할 것"이라고 말했다가 국수주의적 중국 누리꾼들로부터 집중 공격을 받았다. 중국은 2020년 이후 '금성천'과 '장진호' 등 6.25 전쟁 관련 여러 편의 영화를 제작하여 대미對美 항전의식과 함께 국수주의를 고취하고 있다.

'아직 망하면 안 되는 나라'

북한은 면적 12.3만㎢, 인구 2,500만 명, GDP 260억 달러의 소국이지만 중국 입장에서는 육지로는 만주, 바다로는 보하이만과 연접하고, 일본과 일본 내 미군 기지를 직접 공격할 수 있는 동해로의 출구 격이라 요충지 중 요충지이다. 나선항과 청진항에서 일본 열도를 향해 컴퍼스로 원圓을 그리면 북으로는 홋카이도, 남으로는 큐슈까지 일본 거의 모든 도시들이 동일 사거리의 미사일 사정권 내에 들어간다. 북한의 전략적 가치는 그만큼 크다. 중국은 한편으로는 UN 안보리의 대對북한 제재를 이행하면서도, 다른 한편으로는 북한의 숨통만은 틔워주려 해 왔다. 식량과 비료, 원유 지원이 바로 그것이다. 그리고 국제사회가 북한에 일정 강도 이상의 제재를 부과하려 할 때는 이를 저지해 왔다. 중국은 지금도 한반도 비핵화와 미·북 평화협정 협상 병행이라는 쌍궤협상을 주장한다. 북한은 2021년 현재 △UN 안보리 경제 제재 △COVID-19 △자연재

해라는 3중고三重苦를 겪고 있다. 2020년 무역액은 8.6억 달러로 감소했다. 북한의 2021년 경제성장률은 −5%에서 −6%까지로 예상된다. 2012~2021년 10년간 북한의 연평균 경제성장률은 0.84%에 불과했다. 중국은 필요하다고 판단시 북한을 추가 지원할 것이다. (중국은) 핵무기는 허용할 수 없지만, 북한은 '아직은 망하지 말아야 할 나라'라고 생각한다.

06

새로운 유라시아
Great Game(미·중·러 관계)

미·중·러 삼각관계

　　미세먼지, COVID-19, 요소수 문제와 관련 중국 요인만 보아도 중국이 우리나라에 얼마나 큰 영향을 미치는 지 알 수 있다. 중국은 만주청 왕조 시대인 18세기말 경까지 세계 GDP의 약 32%를 차지하고 있었으며, 영토는 동으로는 오츠크해 사할린섬에서 서로는 발하쉬호Lake Balkhash까지, 남으로는 남중국해 하이난다오海南島에서 북으로는 스타노보이산맥外興安嶺까지 뻗어 있었다. 18세기의 청나라는 비교할 상대가 없는 독보적 강대국이었다. 1840년 영국과의 아편전쟁阿片戰爭 패배 이후 100여 년간 외부세력의 공세로 위축되어 가던 중국은 1949년 10월 중화인민공화국PRC 건국으로 부흥의 전환점을 마련했다. 중국은 1978년 12월 개혁·개방이후 40년 이상 지속되어온 경제성장에 힘입어 증강된 국력을 바탕으로 팽창에 나섰다. 중국은 미국과 일본 포함 해양세력에 의해 서태평양 진출이 저지당하자 일대일로一帶一路를 슬로건으로 유라시아를 관통하는 영향권 구축을 시도하고 있다. 중국은 마오쩌둥식주변부를 활용한 중심지 미국 포위전략 세계전략을 구사하고 있다.

영국이 제1차 세계대전을 앞두고 독일비스마르크제국: das Zweite Reich 의 해군력 증강에 위협을 느껴 유라시아 패권을 두고 경쟁한, Great Game의 라이벌 러시아, 그리고 프랑스와 연합하기로 했듯이 미국 도 중국의 유라시아, 서태평양 진출 시도에 위협을 느껴 일본, 한국, 베트남, 인도, 호주 등 인도-태평양 국가들과 합종合從하여 중국 포위망 구축에 나섰다. 인도-태평양 전략, QUAD와 AUKUS 창설 등 이 바로 그것이다.

한편, 미·러의 이해관계는 우크라이나, 벨라루스와 발트3국을 포함한 동유럽, 조지아그루지야등 코카서스와 소련 영향 하에 있던 시리아에서도 충돌하고 있다. 미국은 NATO와 미사일방어체계MD 를 발트3국과 루마니아, 폴란드 등 중동부 유럽으로 전진시키는 한 편, NATO를 앞세워 우크라이나, 조지아, 아제르바이잔 포함 코카 서스 국가들과의 군사협력도 강화하고 있다. 러시아는 △NATO와 EU의 동진東進과 함께 △벨라루스 내정 위기 △우크라이나의 친서 방화, △체첸과 잉구슈 다게스탄을 포함한 코카서스 이슬람 세력 준 동은 물론 나고르니-카라바흐아르차흐를 둘러싼 아제르바이잔-아르 메니아 전쟁 재발 가능성 등으로 인해 위협을 느끼고 있다. 2020년

7월에 이어 9월에도 아제르바이잔-아르메니아 전쟁이 재발하여, 수백 명 이상의 사상자가 발생했다. 중국은 미국에 대항하기 위해서는 군사대국 러시아와의 협력이 필수적이라는 인식 하에 대對러시아 관계 개선·강화에 나섰다. NATO, EU의 압박을 받고 있는 러시아도 경제·군사 분야에서 중국과의 협력 강화를 바라고 있다. 중국이 외교안보를 보는 시각은 키신저Henry Kissinger가 『On China』에서 기술했듯이, 위·촉·오 3국 시대 지정학에서 크게 벗어나지 못한다. 중국 역사에서 북방세력은 흉노匈奴부터 선비, 돌궐, 거란, 여진, 몽골, 만주, 러시아소련에 이르기까지 언제나 남방세력 중국에 위협이 되었다. 17세기 청·러 헤이룽장 유역 알바진 충돌부터 1960년대 말 중.소 간 전바오다만스키 충돌까지 중·러 충돌역사를 살펴보면, 왜 중국이 해양세력 미국과 대륙세력 러시아 사이에서 지금과 같이 행보하고 있는지를 이해하는 데 큰 도움이 될 것이다. 중·러 관계의 진전은 상대적 국력과 상황의 차이에 기인, 일정한 패턴을 보여주고 있다. 중국은 해양세력과 대륙세력 사이에 위치해 있다. 중국은 해양세력과 대륙세력 모두를 적으로 돌려서는 국가안보를 유지할 수 없다.

3극 체제의 역사

유라시아 국가 소련, 쌍두 독수리 러시아

1968년 8월 소련군, 폴란드군, 헝가리군을 포함한 바르샤바 조약군 20만여 명이 2,000여 대의 탱크를 앞세우고 체코슬로바키아의 수도 프라하를 침공했다. 바르샤바 조약군은 둡체크Alexander Dubcek 제1서기 등 체코슬로바키아 개혁파 지도자들을 체포하고, 그들을 추종한 50만 명의 공산당원도 모두 축출했다. 소련은 '프라하의 봄'으로 불린 체코슬로바키아 공산당의 민주개혁운동이 이웃나라 폴란드, 헝가리와 특히, 소연방蘇聯邦 내 우크라이나 공화국에까지 영향을 미칠까 우려하여 프라하를 전격電擊 침공했다. 그런데, 소련 주도의 바르샤바 조약군이 프라하를 침공한 보다 근본적인 이유는 소련의 패권에 도전하던 동아시아의 공산대국 중국을 성동격서聲東擊西 전술로 압박하려는 데 있었다. 동쪽으로는 알래스카와 인접한 베링해 라트마노바 섬으로부터 서쪽로는 칼리닌그라드舊동프로이센 Königsberg까지 길이 10,000㎞ 이상에 이르는 면적 2,240만㎢의 유라시아 대국 소련은 체코슬로바키아라는 닭의 목을 틀어쥐어 단발마의 비명을 지르게 함으로써, 중국이라는 원숭이를 떨게 만드는 살계경후殺鷄驚猴 전술을 채택했다. 소련은 체코슬로바키아 침공의 이론적 근거로 '사회주의 제한주권론브레즈네프 독트린'을 내세웠다. '모든 사회주의 국가는 주권을 갖고 있지만, 해당국의 사회주의 발전방향이 여타 사회주의국가나 국제공산주의 이익을 저해하지 않는 범위 내에서 행사되어야 한다.'는 것이다. 제한주권론에 대해, 중국은 "타국의 주권은 유한한 데 반해, 소련 수정주의자의 주권은 무한하다고 하는 말과 다름없는 새로운 형태의 제국주의에 불과하다."고 비난했다. 당시 중국의 반응은 러시아가 2014년 3월 우크라이나령 크리미아 반도를 점령했을 때의 미온적 반응과는 크게 달랐다. 이에 반해 당시 미국은 바르샤바 조약군의 프라하 침공에 대해 매우 절제된

반응을 보였다. 미·소 양국은 서로 상대방 세력권 내의 일에 대해서는 간섭하지 않는다는 묵계默契를 갖고 있었다.

바르샤바 조약군의 프라하 침공 진의를 간파한 마오쩌둥毛澤東 포함 중국 지도부는 미국에 접근하기로 결정했다. 1949년 신정부 수립이후 초창기를 제외하고는 공산권의 맹주 소련과 협력보다는 갈등·대립해온 중국이 마침내 미국 쪽으로 외교정책을 선회해 나가기로 결정했다. 중국이 미국 쪽으로 방향을 전환함으로써 미·중·소라는 세발자전거three-wheeler가 두발자전거bicycle로 바뀌었다. 세발자전거는 여간해서는 넘어지지 않지만, 두발자전거는 계속 페달을 밟지 않으면 바로 넘어진다. 소련에게 있어 중국의 방향 전환은 엄청난 추가 부담이 되었다. 소련이 주도한 바르샤바 조약군의 프라하 침공은 미·소 간 세력균형이 무너지는 변곡점變曲點이었다.

양탄일성兩彈一星: 원자탄과 수소탄, ICBM

1927년 4월~1950년 5월 간 발생한 국공내전시기 잉태된 중·소 갈등은 1956년 흐루쇼프Nikita Khrushchyov 소련 공산당 지도부의 스탈린Iosif Stalin 격하 운동, 1959년 9월 아이젠하워–흐루시초프 간 캠프데이비드Camp David 정상회담에 이은 소련의 대對중국 핵기술 제공 거부, 1962년 쿠바 미사일 위기미국이 터키에 중거리 미사일을 선제 배치한 것과 관련와 인도 서북부 악사이친4.3만㎢, 동북부 아루나찰프라데시8.4만㎢ 등을 둘러싼 중·인 국경 전쟁 시 소련의 대對인도 군사원조 제공 등 일련의 사건들을 거치면서 계속 악화되어 갔다. 중국 공산당은 1921년 창당 시기에는 소련 공산당의 지도를 받았으나, 1930년대 이후 마오쩌둥의 지도하에 독자 방식을 취하여 소련의 견제를 받았다. 소련은 장제스 정부 인사들을 교육시키는 등 국민당 정부도 지원했다. 양다리를 걸친 것이다. 중국은 1949년 10월 중화인민공화국 수립 직후에는 일단 소련에 접근했다. 중국은 소련의 발전 경험을 활용하고자 했으며, 소련은 중국을 끌어들여 미국에 대항하고자 했다. 1950년 2월 중·소는 동아시아에서 미·일에 대항하고자 '상호원조조약'을 체결했다. 중·소 협력 분위기가 조성되었다.

흐루쇼프는 1956년 2월 모스크바에서 개최된 소련 공산당 제20차 대회에서 스탈린을 비판하는 내용의 연설을 한 반면, 미국과는 평화공존을 내세웠다. 중국은 소련 신新지도부의 스탈린 비판과 평화공존론에 대해 반발했다. 중국이 소련을 '수정주의修正主義'라고 비난하자 소련은 중국을 '교조주의教條主義'라고 비판했다. 1957년 중국은 푸젠성福建省 샤먼아모이 앞바다 진먼다오金門島에 포격을 가하는 등 타이완 침공 태세를 취했다. 이에 놀란 미국은 제7함대를 출동시켰으며, 2~3개 중대 규모 해병대 병력을 타이완에 상륙시켰다. 중국은 미국의 핵공격을 막기 위해 필요하다 하면서, 소련에 핵기술 제공을 요구했다. 소련은 핵기술 제공을 거부하고, 중·소 극동연합군을 창설할 것을 제안했다. 이는 중국이 개발할 핵무기를 소련 통제 하에 둠으로써 미래에 발생할 수도 있는 중·소 핵전쟁을 예방하기 위한 목적에서였다. 중국은 소련의 제안을 단호히 거부했다. 이에 대해 소련은 핵기술을 제공하기로 한 중국과의 약속을 무효화하고, 소련 기술자도 철수시켰다. 중국은 미국에 대항하는 것은 물론, 소련의 압박에 저항할 수 있기 위해서는 핵무장이 필요하다고 판단하여 양탄일성兩彈一星, 즉 ①원자탄彈과 ②수소탄彈, ③대륙간탄도 미사일ICBM: 彈을 개발하기로 결정했다. 중국은 유학파 덩자센鄧稼先 과 위민于敏 등 핵물리학자들을 통해 확보한 기술로 1964년 원폭실험, 1967년 수폭실험을 성공적으로 실시했다. 미美당국의 연금조치에서 풀려나 1955년 귀국한 천쉐썬錢學森 주도로 1970년 이후 둥평홍 포함 인공위성과 ICBM, SLBM 발사 시험에도 성공했다.

소련의 핵공격 계획과 미·중 접근

중·소 관계는 북만주 헤이룽장아무르강내 도서인 전바오섬珍寶島: 다만스키섬 군사충돌로 인해 핵무기까지 동원될 수 있는 전면전 일보 직전 상황으로까지 비화되었다. 전바오섬은 헤이룽장 안에 있는 면적 0.74㎢의 작은 섬이다. 원래 중국 쪽에 붙은 육지였다가 헤이룽장 흐름의 변화에 의해 중국 쪽 토지가 침식되어 1915년 섬이 되었다. 1968년 12월 소련군 75명이 전바오섬에 상륙하여 중국군 8명에게 부상을 입히고, 소총 2자루를 탈취해 갔다. 이 사건을 시작으로 중국군과 소련군은 전바오섬에서 여러 차례 무력충돌을 일으켰다. 1969년 3월 다시 군사충돌이 발생하여 중국군 50여명, 소련군 60여명이 사상死傷했다. 중·소는 그해 6월과 8월 장소를 서부 신장新疆으로 옮겨 여러 차례 더 군사충돌을 벌였다. 8월 충돌 시 소련군은 헬리콥터, 탱크, 장갑차 등 중화기까지 동원했다. 소련은 중국의 군사위협을 일소하겠다고 하면서, 시베리아 극동에 배치된 수백만t급 핵탄두를 장착한 중거리 탄도미사일을 동원한 외과수술식surgical strike 핵공격 가능성을 시사했다.

1969년 8월 20일 도브리닌 주駐미국 소련대사는 키신저Henry Kissinger 국가안전보장회의NSC 사무국장을 만나 대對중국 외과수술식 핵공격 의사를 밝히면서 이에 대한 미국의 입장을 물었다. 닉슨 Richard Nixon 대통령은 긴급 소집된 고위안보회의에서 '중국이 (소련의 핵공격으로) 멸망하는 것은 미국에게 전략적으로 불리하다.'라는 결론을 내렸다. 미국은 1969년 8월 28일 지역신문 '워싱턴 스타 the Washington Star'를 통해 소련이 대對중국 외과수술식 핵공격을 준비하고 있다고 알렸다. 소련이 수백만t급 핵탄두를 장착한 중거리 탄도미사일을 동원하여 간쑤성 주취안酒泉과 쓰촨성 시창西昌 소재 미사일 기지, 신장-위구르 자치구 롭노르Lop-Nor 소재 핵실험 기지와 함께 베이징北京, 창춘長春, 안산鞍山 등에 대한 공격을 준비하고 있다는 것이었다. 이와 함께 미국 전략군이 소련의 134개 도시, 군사기지, 교통중심지, 중공업 기지에 대한 핵공격을 준비하고 있다는 정보도 흘렸다. '워싱턴 스타' 보도를 통해 소련의 핵공격 계획을 알게 된 중국은 "소련의 핵공격을 두려워하지 않으며, 즉각 응전태세를 갖출 것이다."라고 발표했다. 이와 함께 중국은 소련군의 공격에 대비, 방산防産 포함 주요 산업시설을 창장長江 중상류 우한과 충칭, 시창 등 중서부 지역으로 이전하기로 했다. 미국이 소련의 대對중국 핵공격을 반대한다는 것을 확인한 소련은 중국과 타협하기로 했다. 1969년 9월 11일 코시긴Aleksev Kosygin 총리는 베트남 방문을 마치고, 귀국하는 길에 베이징에 들러 저우언라이 총리와 회담했다. 중·소 두 나라는 일단 화해했다. 하지만 중국은 롭노르 기지에서 9월 23일과 9월 29일 각기 2만t급 원자탄과 300만t급 수소탄 실험을 감행했다.

중국은 소련에게 핵전쟁도 불사할 준비가 되어 있다는 국가의지를 보여준 것이다. 1969년 10월 20일 베이징에서 중·소 국경 회담이 개최되었다. 이로써 중·소 간 핵전쟁 발발 가능성은 사라졌다. 전바오섬 사건은 중국에게 대對미국 접근 기회를 제공했다. 1969년 12월 키신저의 지시를 받은 주駐폴란드 미국대사가 주폴란드 중국대리대사를 접촉하여 미국은 여러 가지 사안에 대해 중국과 진지하게 협의할 의사가 있다는 뜻을 전했다. 1970년 8월 파키스탄을 방문 중이던 닉슨은 아히야 칸Yahya Khan 대통령에게 '중국과 같은 대국이 고립되어 있는 한 아시아는 발전하지 못할 것이다.'라고 하면서, 중국과 대화하고 싶다는 뜻을 중국에 전해 줄 것을 요청했다. 아히야 칸은 1970년 11월 베이징을 방문한 계기에 저우언라이에게 미국이 중국에 밀사를 파견할 의향이 있음을 전했다.

중·러 충돌 역사

중·러는 제정러시아, 청나라 시대인 17세기 전반 국경을 접하게 된 이래 3차례나 충돌했다. 러시아는 16세기 말부터 코사크군슬라브계에 동화된 투르크계 부족을 파병하여 시베리아를 가로질러 동쪽으로 나아가게 했다. 러시아는 1605년 시베리아 중부에 톰스크를 건설하고, 1643년 오츠크해Otsuk Sea를 탐사했으며, 이어 헤이룽장 유역과 사할린섬, 쿠릴열도를 탐사했다. 청나라군은 남진해온 러시아군과 1652년 4월 헤이룽장 중류 하바로프스크Khabarovsk 인근 알바진에서 조우하여, 최초로 전투를 치렀다. 남중국 일대에서 세력을 유지하던 남명南明 세력 제압에 주력군을 투입할 수밖에 없었던 청나라

군은 러시아군의 주력을 이룬 코사크 기병대에 패했다. 코사크군은 헤이룽장과 헤이룽장의 남쪽 지류인 쑹화장松花江 흐름을 따라 계속 남진해 왔다. 러시아군의 침공에 위협을 느낀 청나라는 이후 지린성 이북 북만주 지역에 군사력을 대폭 증강했다. 청나라군은 1654년 조선군 조총부대의 지원을 받아 북만주 '이란' 부근에서 러시아군에 완승했다. 명나라 잔존세력을 제압한 청나라군 주력은 북상하여 1685년 2월 알바진 기지를 공격, 점령했다. 청나라와 러시아는 이후 청나라 우위 하에 일진일퇴 공방을 벌이다가 1689년 (시베리아 소재) 네르친스크Nerchinsk 조약을 통해 국경을 확정지었다. 양국은 스타노보이 산맥山脈과 아르군강을 국경으로 정했다.

해방海防과 새방塞防

19세기 중엽이후 러시아는 만주 방면은 물론, 신장新疆 방면으로도 청나라에 압력을 가했다. 러시아와 청나라는 1864년 서북국경 획정조약을 체결했는데, 이 조약을 통해 카자흐스탄령 발하쉬호 유역 44만㎢가 러시아로 넘어갔다. 한편, 신장과 접한 중앙아시아에는 부하라Bukhara, 히바Khiva, 코칸드Kokand라는 3개의 칸국Khanate: 汗國이 있었는데, 부하라칸국은 1868년 러시아에 합병되었으며, 히바칸국도 1873년 러시아의 보호국이 되었다. 신장과 접한 코칸드칸국은 신장이 혼란에 처하자 1864년 야쿱 벡Yakub Beg을 카슈가르카스로 파견하여 신장 방향으로 세력을 확장하려 했다. 하지만 얼마 지나지 않아 코칸드칸국 자체가 러시아의 공격을 받아 멸망 위기에 처했다. 본국으로 돌아갈 수 없게 된 야쿱 벡은 신장 이슬람 반군들과

합세하여 점령지역을 넓혀나갔다. 그는 1872년 무렵 신장 거의 대부분을 영향권 하에 넣었다. 영국은 러시아에 접근하여 야쿱 벡의 신장 지배를 수용하는 방법으로 신장을 영·러 간 완충지대로 삼으려 했다. 영국과 러시아 모두 카슈가르에 영사관을 설립하는 등 톈산산맥 남부 남신장南新疆에 세력을 부식하려 했다. 동남 해안과 북부 변경, 두 방향 모두에서 외국의 공격을 받고 있던 청나라 지도부는 수도 베이징을 보호하기 위해서는 우선 동남부 해안지대로부터의 영국, 미국, 일본 등 해양세력의 공격을 막아야 한다는 리훙장李鴻章 중심의 해방파海防派와 북부 변경지대로부터의 대륙세력 러시아의 공격을 먼저 저지해야 한다는 줘쫑탕左宗棠 중심의 새방파塞防派로 나뉘어 논쟁을 벌였다. 새방파는 신장이 함몰되면, 몽골이 떨어져나가고, 몽골이 떨어져나가면 수도 베이징이 바로 적군의 위협 아래 놓이게 된다는 논리를 폈다. 새방을 강조한 줘쫑탕은 1877년 야쿱 벡을 제압하고, 신장을 확보했다. 줘쫑탕의 활약으로 신장의 영·러 완충지대화는 저지되었다. 해방파와 새방파간 논쟁은 중국 외교안보정책에도 큰 영향을 미치고 있다. 먼저 해양으로부터의 공격을 막아야 한다는 해방파는 친러적인 데 반해, 우선 북쪽 변경으로부터의 공격을 저지해야 한다는 새방파는 친미적이 될 수밖에 없다. 1979년 미·중 수교는 중국이 해방에서 새방으로 외교안보정책을 전환한 대표적 사례이다. 'Pivot to Asia아시아 회귀' 포함 해양으로부터의 미국의 공세가 한층 강화됨에 따라 중국은 2016년 2월 수도 베이징권과 한반도, 동남 해안지대에 대한 방위를 강화하는 방향, 즉 전구체제戰區體制로 군軍을 개편했다. 중국은 이와 함께 신장 이슬람세력의 준동에 대응하기 위해 신장 방면 군사력도 증강했다. 중국의 군사 안보정책은 해방적海防的인 A2/AD^Anti-Access/ Area Denial로 방향을 잡았다. 러시아는 야쿱벡이 활동하던 1871년 신장 불안정을 이유로 신장 북서부 이리伊犁 일대를 점령했다. 쥐쫑탕이 신장을 장악한 후 청·러 외교대표는 1879년 리바디아Livadia; 크리미아 반도 조약을 체결했다. 그 결과 러시아는 신장의 70%를 할양받기로 했다. 청나라 정부는 가혹한 조건의 리바디아 조약 승인을 거부하고, 영국·프랑스 두 나라에 거중조정을 의뢰했다. 러시아는 1877년 러·터 전쟁 승리의 성과를 독일과 영국이 주도한 1878년 베를린 회의로 인해 상실했기 때문에 프랑스의 손을 잡으려 하고 있었다. 러시아는 프랑스의 위신을 고려하여 청나라의 요구에 응했다. 청·러는 1881년 리바디아 조약을 개정한 이리 조약페터스부르크 조약을 체결했다. 청나라는 이를 통해 호르고스강Riv. Horgos을 경계로 이리의 동반부는 회복했지만, 서반부 7만㎢는 상실했다.

150만㎢한반도의 7배 연해주 등 상실

크리미아 전쟁1853-1856에서 영국, 프랑스, 터키, 사르디니아이탈리아 연합군에게 패배한 러시아는 동아시아로 관심을 돌렸다. 러시아는 1858년 아이훈헤이허.黑河 조약, 1860년 베이징 조약을 통해 사할린섬을 포함한 헤이룽장-우수리장 이동 영토 150만㎢를 빼앗았다. 러시아는 청나라인들이 해삼위海參威라 부르던 지역에 군항 블라디보스톡동방의 지배자라는 뜻을 건설했다. 이로써 중국은 동해로의 출구를 상실했다. 청·일 전쟁 직후인 1896년 6월 청·러는 비밀조약

성격의 상호방위조약을 체결했다. 러시아는 청나라를 보호해주는 대가로 북만주를 서쪽에서 동쪽으로 관통하는 동청철도청나라의 동부 철도라는 뜻: 만저우리·하얼빈·쑤이펀허 부설권을 확보했다. 러시아는 동청철 도를 건설하여 이르쿠츠크와 치타 등 중동부 시베리아와 오츠크해 의 블라디보스톡을 최단거리로 연결하고자 했다. 러시아는 독일, 프랑스와 함께 청·일 전쟁 전리품의 일부인 '랴오둥반도 할양'이라 는 일본의 요구를 무산시킨 '3국 간섭' 대가도 받아냈다. 독일은 칭 다오를 포함한 산둥반도 자오저우만을 조차했다. 독일의 움직임에 대항, 러시아는 1898년 3월 청나라로부터 랴오둥반도 남단에 위치 한 뤼순항Port Arthur과 다롄항 일대를 조차租借했다. 러시아를 승계 한 소련은 미국의 중개로 제2차 세계대전 종전 직전인 1945년 8월 14일 장제스 정부와 중·소 우호동맹조약을 체결하여, 러·일 전쟁 패배로 상실했던 다롄 일대에 대한 조차권과 남만주철도뤼순-창춘 운 영에 관한 권리 등을 회복했다. 중국이 신정부 수립 1년도 채 되지 않은 6.25 전쟁 시 대군을 투입한 이유 중 하나도 소련을 등에 업고 독자 통화를 발행하는 등 만주의 왕이 되어가던 공산당 동북국東北 局 제1서기 가오강高崗을 제압하고, 다롄 포함 만주에 대한 소련의 영향을 일소하기 위해서였다. 한반도 파병은 티베트 확보를 위한 양 동전술의 일환이기도 했다. 중국의 압력에 밀린 소련은 6.25 전쟁 종전 후인 1955년이 되어서야 다롄특히 뤼순구으로부터 군대를 철수 시켰다. 20세기 초에도 중·소 간 군사충돌이 있었다. 만주일대를 장 악하고 있던 장쉐량張學良의 펑톈군벌奉天軍閥은 1929년 7월 소련이 운영하던 중동철도중국 동쪽 철도라는 뜻: 동청철도에서 개칭를 점령하는 동시에 소련 외교관을 추방했다. 한편, 러시아 혁명기 혼란에 처해있던 1919년 7월 카라한Lev Karakhan 외무장관은 '소련은 러시아제국가 중국에서 획득한 모든 권리를 포기한다.'라는 내용의 이른바 '카라한 선언'을 발표했다. 소련이 블라디보스톡에 상륙하여 서진하던 일본, 미국, 영국, 프랑스 주도의 혁명 간섭군과 볼셰비키 혁명에 반대하는 백군白軍의 공세로 고전하고 있었기 때문이었다. 소련은 1920년 백군을 격파하고, 반혁명 연합군이 철병하는 등 국내 상황이 안정되자 만주 이권 포기를 거부했다. 펑톈군벌은 대對소련 강경책을 취했다. 소련은 펑톈군벌과의 교섭이 결렬되자 8월 '원동군遠東軍'을 조직하여 동북 국경 일대에서 대규모 무력시위를 벌였다. 개전 당시에는 8만여 명으로 규모가 확대되었다. 소련군은 9월 동북부 소·만 국경을 돌파했다. 소련군 아무르 함대는 10월 공군기의 엄호 아래 헤이룽장-쑹화장 합류지점에서 펑톈군벌 함대를 공격하여 섬멸했다. 소련군은 10월 말 하얼빈에 접근했으며, 11월에는 네이멍구 북단에 위치한 만저우리 방면으로도 공격을 개시했다. 펑톈군벌은 전차와 공군기를 동원한 소련군의 공세에 괴멸되고 말았다. 펑톈군벌은 12월 거의 항복과 다름없는 조건으로 소련과 휴전협정에 서명했다.

소련 해체와 러시아연방 탄생

베트남 전쟁과 미·중 수교

미국은 1964년 8월 베트남 내전에 개입했다. 남베트남해방민족전선Viet Cong은 1968년 테트베트남 설날 공세를 펼쳐 남베트남 내 주요 시설을 단기간 점령했다. 남베트남 민중의 지지를 확보한 Viet Cong은 테트 공세의 성과를 바탕으로 1969년 6월 남베트남 임시정부를 수립했다. 남베트남 주둔 미군과 한국군 등이 남베트남군과 함께 Viet Cong의 공세를 물리쳤으나, 미국 내 반전 움직임은 더 격화되었다. 미국은 군사적으로는 승리했으나, 정치적으로는 패배했다. 베트남 전쟁 승리가 어렵다는 사실이 알려지자 반전 여론이 더 높아졌으며, 군사개입 중단을 내세운 닉슨이 1968년 말 대통령으로 당선되었다. 테트 공세이후 미국과 북베트남 간 정전 협상이 시작되었으나, 1972년까지 진전을 보지 못했다. 미군의 호치민 루트^{공산측의북}베트남·라오스·캄보디아·남베트남 보급선 폭격으로 인해 전장은 오히려 1970년 캄보디아, 1971년 라오스로 확대되었다. 라오스와 캄보디아는 북베트남의 영향 아래 들어갔다. 1972년 여름철부터 미국과 북베트남 사이의 정전 협상이 재개되었으며, 1973년 1월 파리 평화협정이 체결되었다. 소련의 위협을 받은 중국과 베트남 전쟁으로 인해 국내외 위기에 직면해 있던 미국은 상호 접근을 가속화해 나갔다. 중·미 사이를 가로막고 있던 얼음이 녹기 시작했다. '아시아인에 의한 아시아 방위'를 골자로 하는 닉슨 독트린이 발표된 1969년 미국은 태평양함대의 타이완 해협 순찰을 중단했다. 1970년 11월 개최된 UN 총회에서는 알바니아의 '타이완 축출안'이 상정되어 과반수 찬성으로 통과되었다. 중국은 1971년 10월 개최 UN 총회에서 UN 가입이 승인되고, 곧이어 안전보장이사회 상임이사국이 되었다. 같은 달 키신저가 비밀리에 베이징을 방문, 저우언라이와 만나 △한반도 △타이완 △인도차이나 문제 등 현안에 대해 장시간 회담했다. 저우언라이는 닉슨 대통령의 방중을 요청했다. 1972년 2월 닉슨이 베이징을 방문했으며, '20여 년에 걸친 적대관계를 종식하고, 관계를 정상화한다.'는 것을 요지로 하는 상하이 코뮈니케Shanghai Communiqué를 발표했다.

미·중 관계 개선과 관련하여 가장 큰 걸림돌은 타이완 문제였다. 미·중은 '하나의 중국One-China 인정' 등 타이완의 지위를 모호하게 처리하는 방법으로 쟁점을 피해갔다. 미국은 타이완 주둔 미군의 단계적 철수를 약속했다. 1973년 키신저는 다시 중국을 방문하여 베이징과 워싱턴에 서로 연락사무소를 열기로 합의했다. 미·중 접근은 1978년 12월 중국의 개혁·개방, 1979년 1월 외교관계 수립으로 이어졌다. 미·중 수교 직후 중국의 지도자 덩샤오핑鄧小平은 미국을 방문하여, 미국 지도자들과 △인도차이나 △타이완 △한반도 문제 등에 대해 중점 논의했다. 그 직후인 1979년 2월 중국군이 베트남 북부를 침공했다. 베트남군 주력이 1978년 12월부터 시작된 캄보디아크메르 루지 침공 전쟁에 묶인 틈을 노렸다. 하지만, 6.25 전쟁 후 거의 30년 간 제대로 된 전투경험이 없었으며, 구식 무기로 무장했던 중국군은 베트남 예비군의 반격에 발목이 잡혀 패퇴하고 말았다. 덩샤오핑 방미 무렵 미·중 당국자들은 미국의 타이완에 대한 이해관계와 중국의 베트남에 대한 이해관계를 서로 양해한다는 의사를 표명했다. 중국은 베트남이 캄보디아 침공을 감행한 배후에 소련이 있다고 비난하면서, 소련과 베트남의 '대소패권주의大小覇權主義'에 반대한다는 입장을 표명했다. 중·월 전쟁은 중·소 갈등의 축소판으로 해석되었다. 중·월 전쟁 역시 미·중 관계 증진에 기여했다.

이러한 상황에서 감행된 소련의 아프가니스탄 내전 개입은 이미 경제위기를 겪고 있던 소련의 붕괴를 알리는 전주곡前奏曲이 되었다.

아프가니스탄 전쟁과 소련 해체

1979년 12월 소련은 친親소련 공산정권 지원을 위해 85,000명의 대군을 아프가니스탄에 파병했다. 소련의 아프가니스탄 파병은 베트남 전쟁 패배에 더하여, 1979년 2월 발생한 이란 혁명으로 인해 극도의 수세에 몰린 미국에게, 적어도 국민들에게는 심리적으로 큰 충격을 주었다. 소련군의 아프가니스탄 개입은 사실 소련 국력 삭감을 위한 브레진스키Zbigniew Brzezinski 국가안보보좌관 등이 고안한 책략의 결과이기도 했다. 브레진스키는 소련을 약화, 붕괴시키기 위해 1979년 중반부터 CIA를 동원하여 아프가니스탄의 반소反蘇 무자헤딘 단체를 은밀히 지원했으며, 그 결과 소련이 위성국 아프가니스탄 내전에 직접 개입하지 않을 수 없는 상황이 조성되었다. 미국은 1980년 1월 '카터 독트린'을 발표하여, 페르시아만Persian Gulf 일대에서의 미국 국익이 침해받을 경우 군사력을 투입해서라도 방어할 것이라고 경고했다. 아프가니스탄 국민들의 광범한 저항에 직면한 소련은 병력을 동원, 강경 성향으로 인기 없던 아민을 제거하고 온건 성향 카르말을 대통령으로 내세웠다. 카르말 정권도 소련에 대한 아프가니스탄인의 불만을 누그러뜨릴 수 없었다. 1983년경에는 반反소련 게릴라 무자헤딘 단체 200여 개가 결성되었다. 미국은 무자헤딘 단체들에 군사원조를 제공했다. 미국은 무자헤딘에 스팅어 미사일을 포함한 대공무기까지 지원했다. 이 결과 대도시와 군사요새를 제외한 아프가니스탄 영토의 80~90%가 무자헤딘의 수중에 들어갔다. 1985년 3월 고르바초프Mikhail Gorbachev 공산당 제1서기가 집권하고 나서도 소련의 아프가니스탄 군사 활동은 계속되었다. 미국의 무자헤딘에 대한 지원 액수는 1983년 3,000만 달러, 1984년 1,200만 달러, 1985년 2,500만 달러에 달했으며, 종전이 다가오면서 액수가 커졌다. 소련군은 1989년 2월 아프가니스탄에서 철군할 때까지 5만 5천여 명이 사상했으며, 막대한 전비는 소련의 붕괴를 결정지었다. 고르바초프는 아프가니스탄 철군 3개월 후인 1989년 5월 페레스트로이카신사고 외교정책에 따라 대對중국 긴장완화와 함께 경제협력을 증진하기 위해 소련 최고지도자 중 처음으로 중국을 방문하여 중·소 관계 정상화를 발표했다.

러시아의 생존전략

1991년 12월 연방공화국으로 탄생한 러시아는 소련보다는 작아졌지만, 동으로는 베링해에서 서로는 발트해, 남으로는 카스피해에서 북으로는 북극해까지 뻗어있는 면적 1,707만 ㎢, 인구 1억 4,500만 명, 세계 제2위의 군사력을 보유한 유라시아 강대국이다. 아시아와 유럽을 구분하는 경계인 우랄산맥 이서以西 유럽지역에 러시아 총인구의 81%인 1억 2천만 명이 거주하고 있다. 알타이산맥과 바이칼호를 지나 동쪽으로 갈수록 인구밀도가 희박해지는데, 블라디보스톡과 하바로프스크를 포함한 극동시베리아 인구는 인접한 만주 인구의 1/15~16 가량인 620만 여 명에 불과할 정도이다. 동·서 간 거리가 9,000㎞ 이상 되는 러시아는 외부세력의 공격에 취약하기 이를 데 없다. 러시아가 중국에 밀착하고 있는 이유 중 하나는 NATO로부터 군사위협을 느끼고 있기 때문이다. 러시아는 NATO의 동유럽, 코카서스 방면으로의 동진에 위협을 느껴, 우크라이나와 칼리닌그라드, 발트 3국, 코카서스의 조지아 방면으로 군사력을 집중하고 있다.

러시아가 갖고 있는 옵션은 다음과 같다.

첫째, 외부세계와 고립하는 방안이다. 러시아는 전략 핵무기와 석유, 천연가스 등 풍부한 에너지 자원과 함께 농수산 자원도 충분히 갖고 있다. 하지만, 2차 산업 기반이 매우 취약하다. 이에 따라, 고립은 현실적 대안이 될 수 없다.

둘째, 미국의 정치·경제·군사적 주도권을 인정하고, 외부세계와 유연한 협력을 해 나가는 현실주의적 방안이다. 2000년 5월 집권한 푸틴Vladimir Putin 대통령은 케네디Paul Kennedy 예일대 교수가 말한 것과 같이 소련이 과도한 팽창over-expansion 상태에 도달한 다음 갑자기 붕괴한 것이 미국과의 도를 넘는 지정학적 경쟁 때문이었다고 판단하고, 서방과 협력하기로 했다. 당시 러시아는 특히 독일과의 협력을 통해 경제를 발전시키고자 했다. 하지만, 러시아의 대對서방 접근은 미국 주도 미사일방어체계MD 루마니아, 폴란드 전진 배치와 우크라이나의 친親서방화 등 미국, EU 주도의 러시아 영향력 삭감으로 되돌아 왔다. 2014년 3월 러시아군의 크리미아 점령은 러시아의 서방에 대한 반격이었다. 2021년 12월 이래 러시아는 우크라이나와의 국경에 10만 대군을 집결시켜 놓고, 우크라이나로의 NATO 확장 불추진 포함, 미국과 중·서유럽 국가들의 군사안보적 양보를 요구하고 있다.

셋째, 벨라루스와 카자흐스탄, 우크라이나 등을 다시 통합, 연방국가를 건설하는 방안이다. 우즈베키스탄, 투르크메니스탄, 타지키스탄, 키르키즈 등 여타 중앙아시아 국가들도 잠재적 통합 대상이다. 이는 러시아 민족주의자들의 염원인데, 2015년 1월 정식 출범한 유라시아경제연합EEU으로 어느 정도 현실화되고 있다. 이는 러시아 경제가 활력을 유지하고, 계속 성장해 나간다는 것을 전제로 한다.

미·중·러 관계의 변화

'전면적 전략적 협력 동반자 관계'

17세기 표트르 대제Pyotr the Great 이전 혼란기와 20세기 초 러시아 혁명기 극히 짧은 기간을 제외하고 두 나라 관계를 주도한 것은 늘 러시아또는 소련였다. 두 나라 관계는 1991년 12월 소련 붕괴 이후에야 대등한 관계로 전환되었다. 소련이 해체되고 난 직후인 1992년 중·러 두 나라는 제1차 공동성명을 발표하여, 상호 우호국가임을 확인했다. 1994년 2번째 성명에서 중·러는 사상 최초로 동반자 관계를 설정했다. 1996년 3번째 공동성명에서 중·러는 두 나라 관계를 '전략적 동반자 관계'로 격상하고, '정례협의 채널'을 구축했다. 2001년 두 나라는 양국 관계의 헌법으로 불리는 '중·러 선린우호

협력조약'을 체결하여, '전략적 협력 동반자 관계' 발전의 기초를 완성했다. 1991년 소련 붕괴 이후 계속되어온 체첸, 잉구슈, 다게스탄 등 코카서스 이슬람 세력의 공세에 시달리던 러시아는 2001년 9.11 이후 미국이 아프가니스탄 전쟁을 위해 우즈베키스탄 하나바드 공항과 키르키즈 마나스 공항 등 중앙아시아에 군사기지를 설치하는 것을 지원했다. 러시아는 미국과의 관계 개선을 통해 경제 발전에 필요한 자금을 지원받고자 했는데, 이는 대對중국 관계에서 불협화음으로 이어졌다. 2000년만 해도 중국의 GDP는 1.1조 달러로 미국 GDP 9.8조 달러의 1/9에 불과했던 까닭에 러시아에게 있어 중국은 눈여겨 볼만한 협력 파트너가 아니었다. 중국에게 있어, 2002년 미국의 일방적인 ABM^Anti-Ballastic Missile 조약 탈퇴를 러시아가 대가 없이 수용한 것은 큰 충격이었다. 러시아의 서방 접근은 중국의 대對러시아 관계에 부정적 영향을 미쳤다. 한 때 소원했던 중·러가 다시 접근하게 된 것은 2003년 3월 미국이 보수우파 네오콘NEOCON 주도로 이라크를 침공한 이후부터이다. 중국과 러시아는 미·영 등의 이라크 침공을 함께 비난했다. 중·러는 2004년 10월 '중·러 국경 동부지역 보충협정'에 서명함으로써, 관계 진전에 장애물로 작용하던 헤이룽장–우수리장 유역 민감한 국경 문제를 해결했다. 러시아는 2008년 신新외교정책 개념을 정립했다. 대對중국 관계가 동아시아 정책에서 가장 중요한 축軸이며, 세계정치 핵심 이슈에 대해 중국과 이해관계를 같이하고 있다는 인식 하에 전 분야에 걸쳐 동반자 관계를 구축할 것이라는 점이 강조되었다. 러시아가 중국을 가장 중요한 파트너로 생각하게 된 것은 NATO의 동진에 위협을 느껴 배후 지원세력이 필요하다고 판단했던 것은 물론, 2008년 세계금융위기 이후 중국이 비교적 용이하게 경제위기를 극복하는 등 실력을 보여 주었다는 점도 작용했다. 2011년 중·러는 양국 관계를 '전면적인 전략적 협력 동반자 관계'로 격상시켰다. 중국은 비동맹이 외교의 기본 원칙이지만, 라이벌 인도 문제와 관련하여 파키스탄과 '전천후 전략적 협력 동반자 관계'라는 특수 관계를 맺고 있다. 중국은 러시아와도, 중국의 지정학적 숙적 인도와 적대하는 파키스탄과의 전천후 전략적 협력 동반자All-weather Strategic Partnership of Cooperation 관계에 버금가는 정도의 파트너십을 수립했다.

시진핑-푸틴 시대 중·러 관계

2012년 푸틴이 재집권하고, 2013년 시진핑 체제가 등장한 후 중·러 관계는 밀월기에 접어들었다. 시진핑은 첫 번째 방문국으로 러시아를 선택했다. 2014년 우크라이나 사태 이후 러시아가 서방의 제재를 받게 된 이유도 있고 하여 중·러 관계는 한층 더 밀접하게 되었다. 2015년 5월 시진핑 방러 시 중·러는 '포괄적 파트너십과 전략적 협력 강화에 관한 공동성명'에 서명했다. 두 나라는 상하이협력기구SCO를 매개로 하여 인프라 포함 경제협력사업도 추진하기로 했다. 모스크바와 카잔러시아의 타타르 자치공화국 수도을 연결하는 연장 770㎞의 고속철 건설에 1조 루블약 120억불 을 공동 투자하기로 했다. 중·러 두 나라는 2013년 시진핑 국가주석 취임 후 2021년 말까지 30여 차례 이상 정상회담을 개최했다. 2000년 중·러 교역액은 74억 달러에 불과했으나 2007년에는 481억 달러로 7년간 연평균

30% 이상 증가했다. 2011년에는 800억 달러로 증가했다. 하지만 2015년 양국 간 무역규모는 세계경기 침체와 에너지 가격 하락 등의 영향으로 인해 2014년에 비해 27%나 줄어든 670억 달러로 축소되었다. 중.러 무역액은 근년 들어 다시 증가하여 2018년 약 1,000억 달러2017년 대비 15% 증가에 이르렀다. 중국은 러시아에게 EU에 이은 제2위 무역상대국이나 러시아는 중국의 10위 무역상대국에 불과하다. 중·러 간 교역은 중국과 미국, EU, 한국, 일본 등 간 교역과는 비교가 안 되는 수준이다. 중·러 간 교역은 중국이 주로 소비재를, 러시아는 주로 석유와 천연가스 등 자원을 수출하는 형태를 띠고 있다. 러시아는 2012년 푸틴 재집권 이후부터 신新동방정책 추진에도 박차를 가하고 있다. 러시아는 신동방정책의 일환으로 블라디보스톡을 포함한 시베리아 극동 지역 개발과 함께 대對북한 경협에도 관심을 기울이고 있다. 2014년 5월 중·러 두 나라는 중부 시베리아에서 아무르주州 하바로프스크를 거쳐 연해주 블라디보스톡으로 이어지는 총연장 약 4,000㎞의 시베리아 가스관을 건설한 뒤 여기에서 만주 지역으로 이어지는 지선支線 동부노선을 통해 만주 지역에 천연가스를 공급하는 계약을 체결했다. 2004년 협상을 개시한지 무려 10년 만의 일이었다. 이는 이르쿠츠크 코빅타와 야쿠티야 차얀다 등 2개 대형가스전에서 생산되는 천연가스 380억㎥, 즉 38bcm을 30년간 공급하는 3,000~4,000억 달러 규모의 프로젝트이다. 2015년 5월에는 러시아 가즈프롬과 중국 중국석유CNPC간 서부노선을 통한 천연가스 공급 협정도 체결되었다. 이는 남서부 시베리아 알타이 지역에서 신장까지 2,700㎞의 가스관을 부설하여 서부

시베리아산 가스 380억㎥, 즉 30bcm을 30년간 공급하는 프로젝트이다. 2014년 우크라이나 사태, 재생 에너지 사용 증가, 2020년 COVID-19 사태를 거치면서 석유·천연가스 포함 에너지 가격이 하락한 결과 러시아의 대對중국 경제의존은 더 심화되었다. 러시아는 중국으로부터 산업 부문 투자 확대를 희망하고 있으나, 중국은 러시아의 각종 규제로 인해 대對러시아 투자에 문제가 많다고 보고 있다. 2014년 이후 중·러는 350건의 투자계약을 체결했으나, 중국 기업의 대對러시아 투자가 실제 이루어진 것은 3%인 10여 건에 불과하다.

중·러 두 나라는 2005년 이래 2013년까지 8년간 '평화의 사명'이란 구호 아래 6차례에 걸쳐 합동군사훈련을 실시하는 등 군사훈련을 정례화했다. 러시아는 2014년 5월 시진핑이 상하이에서 개최된 아시아교류신뢰구축회의CICA에서 중국 주도의 '신아시아 안보관아시아인에 의한 아시아'을 발표하자 즉각 지지하고 나섰다. 중·러는 2014년 5월 조어도센가쿠 열도 인근 바다에서 함정 14척, 잠수정 2척, 헬기 등을 동원하여 해상연합Joint Sea-2014로 이름 붙여진 합동군사훈련을 실시했다. 이를 통해 러시아는 중·일 간 센가쿠 열도釣魚島 문제와 관련 중국의 입장을 지지한다는 뜻을 보여주었다. 중·러 두 나라는 2015년 5월 지중해에서 Joint Sea-2015 I 훈련을 실시했는데, 이는 중국해군 사상 가장 먼 거리에서 실시된 해상훈련이었다. 이 훈련에는 홍해 아덴만에 파견되어 해적 퇴치 활동을 하던 중국 해군부대가 참가했다. 2015년 8월에는 중·러 간 사상 최대 규모 해상 합동군사훈련인 Joint Sea-2015 II 훈련이 블라디보스톡 인근 동해에서 실시되었다. 이 훈련에는 러시아가 16척의 함정, 2대의 잠수함,

12대의 해군항공기, 9대의 수륙양용 수송차를, 중국이 6대의 상륙정, 6대의 헬리콥터 및 5대의 해군항공기를 동원했다. 이러한 분위기 하에서 러시아는 2015년 11월 연변조선족자치주 훈춘시 인근 중국·러시아·북한에 접경한 영토 4.7㎢를 중국에 반환했다. 2017년 7월 21일부터는 발트해에서 중·러 해군연합훈련이 실시되었다. 중국은 구축함 창사, 호위함 원청 등 최신예 군함을 파견하여 미국·일본·유럽 동맹국들을 자극했다. 2018년 9월 중국군은 사상 최초로 극동 시베리아에서 실시된 러시아군과의 대규모 합동훈련에 참가했다. 이는 미국 주도 미·일 군사동맹과 한·미 군사동맹에 맞서기 위한 대응훈련으로서의 성격을 갖고 있다. 중·러 해군은 2021년 10월 블라디보스톡 해상에서 합동훈련을 실시했다. 이어 중·러 함대는 사상 최초로 혼슈와 홋카이도 사이 쓰가루 해협을 통과, 일본 연해에서 군사훈련을 실시한 다음 큐슈 남단 오스미 해협을 돌아 동중국해로 빠져나갔다. 중·러는 1992년 군사기술협력협정을 체결하여 방산협력 강화와 함께 상호 경제이익 증대를 도모해 왔다. 중·러 간 방산협력은 2006년을 정점으로 감소 추세에 있다. 이는 러시아의 첨단 군사기술 유출 우려와 중국의 방산기술 개발 진전이 맞물린 결과이다. 2014년 이후 중국의 러시아 무기 및 군사기술 구매는 주로 특정 분야에 있어서 중국의 기술적 단점을 보완하기 위한 목적으로 진행되었다. 중국의 러시아산 S-400 대공對空미사일시스템과 최신예 Su-35 전투기 구입이 이에 해당된다. 최근에는 오히려 러시아가 중국으로부터 항공, 전자 관련 방산 부품들을 수입하고 있다. 이는 중국의 군사기술이 발전했기 때문이기도 하지만, 러시아가 소련 붕괴 이후 군사기술을 이전같이 고도로 발전시키지 못했으며, 아직도 소련식 옛 군사기술에 의존하고 있는 것이 더 큰 이유이다.

일대일로一帶一路와 유라시아경제연합EEU

미국의 아시아 회귀pivot to Asia로 인해 서태평양으로의 동진을 차단당한 중국은 일대일로 정책을 통해 중앙아시아와 동남아시아–인도양–유럽, 아프리카 방면 진출을 추진하고 있다. 한편, 러시아는 전통적 세력권인 독립국가연합CIS 지역에 대한 영향력 회복을 최우선 외교과제로 추진하고 있다. 러시아는 2002년 10월 자국과 벨라루스, 아르메니아, 카자흐스탄, 키르키즈, 타지키스탄 등 6개국으로 구성된 집단안보조약기구CSTO(본부 모스크바)를 창설, CIS 국가들에 대한 군사적 영향력을 확보했다. CSTO는 2022년 1월 카자흐스탄 비상사태를 해결하기 위해 창설 후 최초로 러시아군 주축 평화유지군을 파견함으로써, 존재감을 과시했다. 러시아는 벨라루스, 카자흐스탄 등 CIS 국가들을 경제적으로 묶기 위해 EEU 창설도 주도했다. EEU에는 키르키즈와 아르메니아 등도 가입했다. EEU는 상품과 노동, 서비스 등의 자유로운 이동을 목표로 한다. 중·러는 표면적으로는 일대일로 정책과 EEU가 공통분모가 많으며, 협력 가능 분야 역시 다양하다는 입장이다. 2015년 3월 하이난다오에서 개최된 보아오博鰲 포럼에 참석한 러시아 슈바로프 제1부총리는 EEU와 실크로드 경제권 간 협력은 중·러 모두에게 새로운 기회가 될 것이라고 말했다. 푸틴 역시 2014년 2월 소치 동계올림픽 참가차 러시아를 방문한 시진핑에게 러시아는 일대일로 정책을 지지한다고 말했다.

중·러 관계 전망

중국의 부상浮上에 대한 러시아의 입장

러시아는 중국과의 협력을 강화하는 방법으로 국제 위상 강화를 추구하고 있다. 키신저는 오바마 시대 미국이 푸틴을 악마시하여, 러시아의 중국 밀착을 야기했다고 비판한다. 러시아는, 석유와 천연가스, 목재 등 자원의존형 경제구조상 경제력이 받쳐주지 않아 세계적 세력관계 변화를 추동하지 못하고 있다. 중·러 두 나라는 인종과 종교, 문화, 풍습, 언어 등 모든 측면에서 이질적이다. 정서적 유대도 거의 없다. 러시아 무정부주의자 미하일 바쿠닌Mikhail Bakunin이 19세기 최초로 중국인에 의한 러시아 황화론Yellow Peril을 제기했을 정도이다. 황인종 국가 중국이 초강대국으로 부상하고 있는 데 대한 러시아인의 심리적, 문화적 거부감도 상당하다. 2018년 여론조사 결과 러시아인의 63%는 중국인의 시베리아 극동 유입이 러시아 안보에 위협이 될 것이라고 평가했다. 러시아인의 45%는 중국의 부상 자체가 러시아 안보에 위협이 된다고 보았다. 물론 '중국의 부상이 러시아에 경제적 혜택을 제공하고 있다.'는 「중국 기회론」의 입장에서 환영하는 견해도 있기는 하다. 한편, 중국인 다수는 러시아가 2020년 7월 블라디보스톡 건설 160주년 행사를 성대히 치른 데 대해 분노를 표시하기도 했다. 중국 정부가 민족주의 이념을 강조함에 따라 「수복실지收復失地」를 외치는 중국인이 늘어나고 있다. 2014년 우크라이나 사태러시아의 크리미아 반도 점령 이후 서방의 대對러시아 제재조치가 취해진 관계도 있고 하여, 러시아는 중국을 경제적 측면에서 미국과 EU를 대체할 수 있는 나라로 보아왔다. 러시아는 중국이라는 대문을 통해 다시 아·태 지역으로 진입하려 한다. 이와 같이 러시아의 중국에 대한 관심은 경제와 밀접한 관계가 있다. 중국 경제는 최근 3~4년간 4~5%대로 성장률이 떨어졌다고는 하나, 1978년 개혁·개방 이후 43년간 연평균 9.6% 성장했다. COVID-19가 야기한 경제위기도 비교적 잘 극복2021년 6~8% 성장 예측하고 있다. 중국 GDP는 2003년 미국의 이라크 침공 시에는 미국 GDP의 1/8이었는데, 8년 뒤인 2011년 1/2이 되었으며, 다시 5년 뒤인 2016년 거의 2/3미국 18.4조 달러, 중국 11.4조 달러까지 증가했다. 2021년에는 74% 각 22.7조 달러, 16.7조 달러 까지 증가했다. 중국은 첨단기술 자립을 목표로 하는 '중국제조 2025' 정책을 통해 수출 중심 경제를 지식, 정보, 문화, 금융, 서비스 등 5개 산업을 위주로 한 소비 중심 경제로 개편하려 한다.

러시아가 중국 안보에 미치는 영향

중국의 시각에서 볼 때 러시아는 4,300㎞의 국경을 직접 맞대고 있고, 핵과 미사일이라는 전략무기를 보유한 군사강국이다. 중국은 러시아뿐 아니라, 인도와 베트남, 파키스탄, 카자흐스탄, 몽골, 북한 등 14개국과 국경을 접하고 있다. 러시아와 인도, 파키스탄, 북한 등 4개국은 핵무기를 보유하고 있다. 카자흐스탄, 키르기즈, 타지키스탄, 몽골 등은 러시아의 영향 아래 있다. 러시아와의 관계가 악화될 경우 이들 국가와의 관계도 악화될 수 있으며, 이에 북한도 영향받을 가능성이 있다. 북한이 러시아에 가담할 경우 만주 지역은 러시아와 몽골, 북한에 의해 포위되는 형세가 된다. 중국이 강력한 북부전구北部戰區 산하 3개 집단군을 하얼빈헤이룽장성, 창춘지린성, 랴오양랴오닝성를 중심으로 배치한 것도 이와 관련이 있다.

러시아의 미래

중국은 러시아를 더 이상 세계강국global power이 아니라, 지역강국regional power으로 본다. 중국의 관점에서 볼 때 ①경제, ②군사, ③ 글로벌 거버넌스global governance, ④발전모델 등 4가지 측면, 특히 경제 측면에서 러시아의 장래는 비관적이다. 러시아는 석유, 천연가스, 목재 등 자원 의존적 경제구조를 갖고 있으며, 현재 세계 각지에서 일어나고 있는 신新공업 혁명, 신新에너지 혁명에도 뒤쳐져 있다. 창조와 혁신의 나라 미국은 물론, 중국은 '중국 제조 2025', 독일은 '산업Industrie 4.0', 일본은 '일본재흥전략Japan is back' 등 신新산업 혁명을 추진 중인데, 러시아는 이 분야에서도 두각을 나타내지 못하고 있다. 2012년 푸틴Vladimir Putin 대통령이 제시한 '2020 발전전략'은 석유와 천연가스 등 에너지 자원 가격 하락으로 인해 실현 불가능하게 되었다. 러시아의 2015년 경제성장률은 −3.8%를 기록했다. 2016년에도 −2%~−3% 성장했다. 루블화 가치는 2015년 1월 미국 달러 대비 62 : 1에서 2016년 1월 80 : 1로 약 30% 평가절하되었다. 러시아 경제는 2017년 이후에야 다소 안정세를 보이기 시작했다. COVID-19 확산 영향으로 인해 2020년 −7%~−8%에 달했던 러시아 경제성장률은 2021년 들어 국제 에너지 가격 상승으로 인해 다소 회복될 것으로 보인다. 루블화 가치도 국제 에너지 가격 상승에 힘입어 2022년 1월 현재 75.4 : 1로 다소 회복되었다.

　GFP 기준 러시아의 군사력은 세계 제2위이지만, 미국과는 비교가 되지 않는다. 2020년 현재 미국의 군비지출이 7,780억 달러인데 반해, 러시아의 군비지출은 제2위 중국2,520억 달러의 약 1/4인 연 620억 달러에 불과하다. 러시아는 COVID-19 확산에 기인한 저유가 지속 때문에 재정財政이 악화되어 2014년 이래 처음으로 2021년도 국방예산을 5% 삭감했다. 미·러 간 군사력은 △핵무기를 제외한 미사일방어시스템 수준 △사이버전 수행 능력 △전략 타격 능력 등 여러 가지 분야에서 격차가 크게 벌어졌다. 러시아는 뒤떨어진 군사력을 만회하기 위해 신형 원자력 추진 순항미사일 9M730 부레베스니크SSC-X-9 스카이폴 개발을 추진하고 있다. 이 미사일은 원자력 에너지를 추진력으로 하여 무한에 가까운 체공 시간을 갖고 있으며, 음속에 조금 못 미치는 속도亞音速로 대기권을 1,000㎞ 고도로 비행하다가 불시에 목표물을 타격할 수 있다 한다. 전쟁의 판도를 바꿀 수 있는 무기Game Changer로 불린다. 글로벌 거버넌스 측면에서 러시아는 UN 안보리 상임이사국 자리를 유지는 하고 있지만, 국제 정치·경제 분야에서 규칙 제정자rule setter로서의 역할을 제대로 수행하지 못하고 있다. 무엇보다 러시아 발전모델이 세계적 추세를 따라가지 못하고 있다는 점이 치명적이다. 러시아는 CIS 회원국들에게 조차 협력 유인을 제공하지 못하고 있으며, 오히려 이들에게 손해를 끼치고 있다. 러시아는 우크라이나와 조지아를 무력 침공하는 등 수시로 군사력을 사용함으로써, 우크라이나와 발트3국 등 인근국들의 공포감을 유발하고, 신뢰를 상실하는 등 연성권력soft power도 크게 약

화시켰다. 러시아의 잦은 무력행사는 우크라이나의 국가정체성을
고양시켜 재통합을 거의 불가능하게 만들었다.

중국의 대미對美 전략, 중·러 관계

러시아의 국력 쇠퇴에도 불구하고, 중·러 관계는 미국 등 서방
에 대한 공통 이해관계에 힘입어 양호한 상태를 유지하고 있다. 그
런데, 중국에게 있어 러시아는 국가안보상 중요하기는 하지만, 국가
운명을 좌우할 정도로 비중 있는 국가는 아니다. 그런 나라는 미국
밖에 없다. 중국은 중·러 Joint Sea-2015 지중해 훈련 시 아덴만에
주둔하던 함대를 파견했으며, 2015년 모스크바 제2차 세계대전 전
승기념식에는 전투 병력이 아닌 의장대를 파견했다. 이는 미국의 입
장을 배려하는 한편, 국제사회에 중국이 '공격적'이라는 이미지를
덜 주기 위해서였다. 군사는 물론, 경제 측면에서도 중국에게 가장
중요한 나라는 미국이다. 2015년 위안화의 IMF 특별인출권SDR 편
입과 2016년 AIIB 창설, 2020년 석유의 위안화Petro-Yuan 거래 등 중
국의 경제위상은 제고되었으나, 이를 뒷받침해 줄 수 있는 금융경제
인프라는 아직 열악하다. 미국은 기축통화Key Currency인 달러 발권
국이며, 국제통화기금IMF과 세계은행WB이라는 세계경제금융 레짐
regime을 지배하는 등 패권국이다. 2018년 미·중 간 무역액은 7,371
억 달러, 2017년 미·중 상호투자액은 1,470억 달러에 달했다. 미·
중은 금융 분야에서도 밀접한 관계를 갖고 있다. 미국이 추구하는
탈동조화decoupling는 쉽지 않을 것이다. 중국의 대對미국, 대對러시
아 관계와 관련 푸잉傅瑩 전前 전인대 외사위 주임은 Foreign Affairs

2016년 1/2월 기고문에서 중국은 중·러 관계를 전략적 파트너로 평가하고 있으며, 앞으로도 러시아와 동맹할 생각이 없다고 밝혔다. 중국이나 러시아 모두 전략적 파트너십에 만족하고 있다고 첨언했다. 푸틴은 2019년 말 「국민과의 대화」에서 '러시아는 중국의 군사동맹국이 아니며, 중국의 군사동맹국이 될 계획도 없다.'고 단언했다.

중·러 관계의 장래

향후 중·러 관계를 결정할 핵심 요소는 ①중국과 러시아의 대對미국 관계, ②에너지 자원과 방산 분야 협력 진전 여부, ③일대일로一帶一路와 EEU간 관계 설정 문제, ④영토 문제 등 4가지로 보인다. 중국은 개방 후 40년간의 경제 성과와 증강된 군사력을 배경으로 미국과 신형대국관계 구축을 희망하고 있다. 신형대국관계의 골자는 동아시아-서태평양 지역에 대한 미·중 간 이해관계의 평화적 조정이다. 미·중은 △무역 △기술 △북한 핵문제 △타이완 해협 문제 △조어도센가쿠 열도를 포함한 동중국해 문제 △남중국해 문제 등 거의 모든 이슈에서 갈등·대립하고 있다. 미국은 중국의 서태평양 진출을 저지하고 있는 것처럼 러시아의 영향력 범위도 흑해-발트해 라인 이동以東으로 축소시켜 놓으려 한다. 에너지 자원 수입국 중국과 수출국 러시아는 에너지 자원 문제와 관련 상호 협력해 나갈 수밖에 없다. 중국으로서는 미국·일본 등 해양세력에 의해 봉쇄당할 수도 있는 말래카 해협을 거치지 않는 대규모 에너지 자원 공급원이 필요하고, 러시아도 안정적으로 구매해가는 대규모 에너지 수요처를 확보할 필요가 있다. 한편, 중국은 에너지 자원과 수출 시장 확보, 그리고 이슬람 세력의 신장 침투 방지를 위해 일대일로 정책 등을 통해 중앙아시아로 진출하지 않을 수 없다. 러시아도 소련 시대의 위상을 회복하기 위해서는 중앙아시아에 대한 영향력을 확보할 필요가 있다. 이에 따라, 중국일대일로 정책과 러시아CSTO, EEU는 중앙아시아에 대한 주도권을 놓고 충돌할 수밖에 없다. 중국은 1860년 베이징 조약을 통해 제정 러시아가 탈취한 150만㎢에 달하는 헤이룽장아무르강-우수리장 이동 영토 회복 욕구Irredentism를 아직 버리지 않고 있다. 중국의 국력이 계속 증강되고, 러시아의 약화가 계속되면 언제라도 가시화될 수 있다.

러시아의 과도한 지정학적 위상

중·러는 패권국 미국에 맞서기 위해 세계적global 차원에서는 파트너십을 수립했지만, 지역적 차원에서는 협력을 방해하는 약한 고리를 많이 갖고 있다. 경제력 포함 러시아의 국력은 상대적으로 약화되고 있으며, 반등 기미도 보이지 않는다. 러시아는 과거 소련처럼, 국력에 비해 지정학적으로 과도하게 팽창over-expansion해 있다. 러시아의 GDP는 중국 GDP의 약 1/12, 미국 GDP의 약 1/18에 불과한데, 영토는 동으로는 태평양에서 서로는 발트해-흑해까지 9,000여㎞나 뻗어있다. 여기에다가 러시아는 △우크라이나, 벨라루스와 △나고르니-카라바흐를 둘러싼 아르메니아와 아제르바이잔 간 분쟁 포함 코카서스는 물론, △시리아를 포함한 중동 문제에도 깊숙이 개입하고 있다. 2018년 현재 중국은 러시아 대외무역의

11.6%를 차지하는 러시아 제2의 무역상대국이나, 러시아는 중국 대외무역의 2.4%를 차지하는 중국 제10위 무역상대국에 불과하다. 핵무기와 ICBM 포함 미사일 기술 정도를 제외한 군사력마저 더 이상 중국에 대해 압도적 우위를 지키지 못하고 있다. 러시아는 경제구조를 바꾸는 데 성공하지 못할 경우 중국의 주니어 파트너로 전락할 가능성도 있다. 하지만, 몽골계 킵차크 칸국과 폴란드-리투아니아, 스웨덴, 프랑스, 독일의 침공은 물론, 소련 해체까지 이겨낸 러시아의 잠재력을 무시해서는 안 된다. 자생력을 갖추기 시작한 러시아는 소치 동계올림픽과 월드컵을 주최하고, 시리아 내전의 향배를 주도하는 등 그런대로 버티어 나가고 있다. 하지만, 현재의 국력 변화 추이를 볼 때 10~15년 이후의 세계는 약화된 러시아가 현재의 미·중·러 정족지세鼎足之勢에서 탈락하고, 미·중 두 나라만이 살아남아 상호 경쟁하는 G2 체제로 전환될 것으로 예측된다. 인도가 러시아의 역할을 대신할 수도 있다. 독일과 프랑스가 주도하는 EU와 일본, 러시아는 주니어 파트너로서 지역강국 역할을 수행할 것이다.

미·중·러 관계와 한반도

한반도와 타이완을 둘러싼 미·중 간 대립 심화는 서태평양 림 rim에서의 해양세력과 대륙세력 간 갈등과 충돌, 특히 서해와 한반도에서의 긴장과 충돌 가능성 증대를 야기할 가능성이 크다. 이는 한국 사회 내 갈등을 심화시켜 국가 에너지를 내부 문제 해결에 소진하게 만들 가능성을 높인다. 한국은 동맹을 선택하고 주도할 수는 없지만, 동맹국으로 선택당할 정도는 되는 G7 수준의 나라이다. 한반도 문제에 대한 민감성 정도는 ①중국과 일본 ②미국 ③러시아 순으로 판단된다. 러시아에게 있어 북한은 중국과 미국, 일본, 한국에 대한 하나의 카드이다. 중국과 일본은 한반도 통일 같은 '결정적 사안'에 대해서는 정책을 바꿀 여지가 거의 없다. 중국과 일본의 전략 중심인 베이징보하이만–상하이창장 델타–광저우주장 델타 축과 도쿄–오사카–후쿠오카 축은 한반도의 상황 변화에 매우 민감한 지역에 위치해 있기 때문이다. 냉전시기 미·소 대립 상황에서도 소련과 동독에 접근하여 평화·안전 유지와 함께 통일을 달성한 서독 외교를 심도 있게 연구해 볼 필요가 있다. 우리가 살길은 스스로의 안보관을 갖고, 외부세력의 국지局地 기습 정도는 독자적으로 방어할 수 있을 정도의 군사력, 그리고 강력한 경제력을 확보하는 것이다. 중국의 부상으로 인한 동아시아–서태평양 질서 변화를 국가적 위기로 인식해야 한다. 진보와 보수 간 합의된 대외전략이 없다는 것은 치명적 약점이다. 후쿠야마Francis Fukuyama가 말한 「정치의 쇠퇴political decay」를 극복하고, 우리 내부를 통합해야 한다.

07

중앙아시아-
카스피해 문제

2003년 12월 3일, 럼즈펠드 미美 국방장관을 태운 공군 특별기가 카스피해하자르해 서안西岸에 위치한 아제르바이잔의 수도 바쿠에 도착했다. 럼즈펠드는 12월 1일부터 2일까지 브뤼셀에서 개최된 북대서양조약기구NATO 국방장관회의에 참석하고, 곧바로 아제르바이잔으로 날아왔다. 럼즈펠드는 알리예프 대통령을 만나 아제르바이잔에 미국 공군기지를 설치하며, 미국이 아제르바이잔 군항 시설 개선을 지원키로 하는데 합의했다. 공군 특별기가 아프가니스탄과 국경을 이루는 우즈베키스탄 테르메스시 상공을 통과할 무렵, 우즈베키스탄 하나바드 미美 공군기지로부터 짙은 안개 때문에 타슈켄트 공항 착륙이 불가능하다는 보고가 날아들었다. 우즈베키스탄 방문을 취소한 럼즈펠드는 흑해 동안東岸에 자리한 조지아그루지야의 수도 트빌리시로 향했다. 트빌리시에 도착한 럼즈펠드는 미국 군사고문단이 훈련을 담당하고 있는 특수부대를 사열하고, 샤카슈빌리 대통령을 만나 미군 기동타격대의 조지아 파견에 합의했다. 조지아를 떠난 럼즈펠드는 12월 6일 이라크에 도착, 이라크 북부 유전지대 키르쿠크 주둔 미국 82공수공정대를 방문했다. 럼즈펠드의 흑해, 카스피해, 중앙아시아, 이라크 순방은 당시 미국의 관심이 어디를 향하고 있었는지를 말해 주는 대표적 사례이다.

중앙아시아-카스피해 지역에 대한 미국의 정책 목표는

첫째, 이 지역이 러시아나 중국의 영향권 아래 들어가는 것을 막고,

둘째, 이 지역 국가들이 이슬람 원리주의 세력의 근거지가 되는 것을 방지하며,

셋째, 이 지역에 풍부하게 매장되어 있는 석유와 천연가스, 우라늄, 금 등 지하자원을 확보하는 것이다.

미국의 지원 아래 2020년 하반기 이루어진 이스라엘과 UAE, 바레인, 수단 간 외교관계 수립은 '중동의 중국' 이란 견제 등 미국 중동정책의 일환이다. 한편, 석유와 천연가스, 우라늄, 희토류 등 전략 에너지 자원 통제를 위한 미국의 노력은 상상 그 이상이다. 석유달러petro-dollar 문제와도 연관되어 있기 때문이다. 미국은 1970년대 석유파동 시 키신저 국가안보보좌관 주도로 아라비아반도 유전지대 점령을 계획하기도 했다하퍼스 1975년 3월호. 아버지 부시 대통령 시절 국방장관을 역임한 체니 전前 부통령은 1991년 미국 의회 청문회에서 "페르시아만 유전을 지배하는 자가 세계 경제를 통제할 수

있다."고 증언했다. 미래학자 고故 앨빈 토플러는 『미국의 석유자원 통제는 중국과 러시아 등 경쟁국들의 목 줄기를 틀어쥐는 것을 의미한다.』고 말했다. 미국은 19세기 말부터 석유자원의 보고로 불리어 온 카스피해와 그 배후지인 중앙아시아에 대한 영향력 강화를 시도해 왔으며, 2001년 9·11 사태에서 비롯된 아프가니스탄 전쟁을 통해 중앙아시아에 대한 영향력을 확보했다.

석유 터미널 카스피해

석유 전문가들에 의하면, 카스피해 지역에서 확인된 석유 매장량은 약 3,200억 배럴이며, 천연가스 가채 매장량은 940조㎥로 세계 총 매장량의 17%에 달한다 한다. 1991년 소련 붕괴 후 미국·영국·일본·프랑스의 석유 메이저들은 아제르바이잔과 카자흐스탄, 투르크메니스탄 유전과 천연가스전을 탐사하고, 생산된 석유와 천연가스의 수출을 위한 파이프라인 건설을 위해 2000년대 초까지 600억 달러 이상을 투자했다. 바쿠 앞바다를 비롯하여 카스피해 곳곳에 석유 플랫폼이 설치되었다. 석유와 천연가스를 운반하는 파이프라인이 바쿠를 중심으로 사방으로 뻗어나갔다. 1997년 바쿠와 러시아의 흑해 항구 노보로시스크Novorossisk를 잇는 BN바쿠-노보로시스크 파이프라인이 설치된 데 이어, 1999년에는 바쿠와 트빌리시를 거쳐 흑해 항구 숩사를 연결하는 BTS바쿠-트빌리시-숩사 파이프라인이 완공되었다. 2004년 말 바쿠에서 트빌리시를 지나 터키의 지중해 항구 제이한으로 이어지는 총 연장 1,760㎞의 BTC바쿠-트빌리시-제이한 파이프라인이 건설되었으며, 2007년 초 바쿠-트빌리시-에르주룸터키의 내륙 도시 간 가스 파이프라인이 완공되었다. 카자흐스탄 악타우에서 카스피해를 횡단하여, 바쿠로 이어지는 AB악타우-바쿠 파이프라인과 투르크메니스탄의 카스피해 항구 투르크멘바쉬에서 바쿠로 이어지는 카스피해 해저 가스 파이프라인이 완공됨에 따라 카스피해와 그 주변은 거미줄 같은 파이프라인으로 뒤덮이게 되었다. 미국은 카스피해-아프가니스탄-파키스탄또는 인도을 잇는 파이프라인 건설을 통해 세계 1위 규모인 투르크메니스탄, 우즈베키스탄의 천연가스를 인도양으로 실어 내려 했다. 중국은 1993년 석유 순수입국이 되었으며, 2009년 미국을 제치고 세계 최대 석유 소비국이 되었고, 2013년 세계 최대 석유 수입국이 되었다. 중국은 1990년대 이래 중앙아시아-카스피해 석유·천연가스전 개발에 대규모 투자를 해 왔다. 이로 인해, 카스피해 파이프라인은 더 조밀해 졌다. 중국은 일대일로 정책을 통해 서진西進하고 있다. 이는 중앙아시아-카스피해에서 신장으로 이어지는 두 종류의 파이프라인으로 나타난다. 하나는 카스피해를 출발하여 카자흐스탄을 가로지르는 석유 파이프라인이고, 다른 하나는 투르크메니스탄에서 시작하여 우즈베키스탄과 카자흐스탄을 가로지르는 천연가스 파이프라인2021년 현재 4개이다. 이 천연가스 파이프라인은 중국 천연가스 연 소비량의 20%를 담당한다.

미국의 러시아, 중국 견제

미국은 2001년 아프가니스탄 전쟁 이전까지는 대륙으로 깊이
들어가기보다는 해안과 가까운 곳에 군사기지를 건설하는 방식으
로 소련과 중국을 비롯한 대륙세력에 대항해 왔다. 키신저에 의하
면, 미국의 글로벌 군사 위상은 영국이나 로마제국의 위상을 능가한
다 한다. 브리타니아영국-라인강-다뉴브강을 잇는 북부 전선과 아
르메니아-시리아-팔레스타인을 잇는 동부 전선, 그리고 이집트-
튀니지-모로코로 이어지는 남부 전선에 병력을 집중 배치해 두었
던 로마제국은 전선 상황에 따라 배치된 병력을 증강하기도 하고,
감축하기도 하는 등 매우 탄력성 있게 운용했다. 주니어Jr. 부시 대
통령 시절 미국도 이라크, 이란과 북한 등 이른바 「악의 축」들이 불
안 요인으로 작용하고 있는 가운데 이슬람 원리주의 세력이 새로운
위협요인으로 대두하고, 중국이 급성장하는 등 변화된 안보 환경에
맞추어 유럽과 동아시아-서태평양 해외 주둔 미군 재배치를 추진
했다. 미국은 폴란드와 루마니아, 발트3국 포함 중동부 유럽에 서유
럽 주둔 미군을 이전 배치함으로써, 나토NATO의 동부 방위선을 동
진시키려 했다. 미국은 중세 도시국가 베네치아가 아드리아해, 에
게해, 동지중해의 주요 항구와 항로를 연결하여 「해양 고속도로」를
건설했던 것처럼, 발트해-흑해-카스피해-중앙아시아-몽골-동해
로 이어지는 유라시아 대륙 중남부 벨트에 일종의 「군사고속도로」
를 건설하려 했다. 냉전 시기 미국과 서독은 동독 주둔 소련군 탱크
부대가 동독 튀링엔주와의 국경 도시 풀다Fulda에서 프랑크푸르트

Frankfurt/M로 이어지는 2개의 회랑풀다 갭을 고속도로 돌파, 서독을 양단시킬 것을 우려했다. 이에 따라, 서독 수도도 경제 중심 도시 프랑크푸르트가 아닌, 라인강 유역 본Bonn에 둘 수밖에 없었다. 유라시아 대륙에 대한 미국의 영향력 강화는 이란과 이라크, 사우디아라비아 등으로 향하는 중국과 러시아의 길목을 차단하는 것을 의미한다. 칭기즈칸의 몽골군이 최정예 부대로 하여금 적진의 중심부를 돌파하여 적진을 양단, 포위함으로써 전투에서 승리한 것처럼, 미국도 유라시아 중남부에 군사기지를 건설함으로써, 이란·시리아·레바논 등과 중국, 러시아 간 연결을 차단하여 이들을 동시에 견제하려 했다. 미국은 이 군사기지들을 중국 신장과 몽골까지 연장하려 했다. 몽골에서 만주를 지나면 미군이 주둔하고 있는 한반도와 일본열도로 이어진다. 이를 통해 미국은 중국, 러시아, 중동을 최적의 비행거리로 동시 타격할 수 있게 되어, 중국과 러시아에 대한 전략적 우위를 굳혔다. 공교롭게도 이 군사기지들은 세계 석유 부존량의 4분의 3 이상을 차지하는 페르시아만과 카스피해의 석유·천연가스 생산지에서 500~800㎞ 이내에 위치하고 있다. 미국은 세계 석유자원의 4분의 3 이상에 대한 영향력을 강화할 수 있었다.

중국, 러시아의 대응

미국·중국·러시아의 이해관계는 동아시아-서태평양에서와 같이 중앙아시아에서도 첨예하게 부딪히고 있다. 특히 중국과 접경하고 있으며, 톈산산맥과 파미르고원으로 에워싸인 산악국가 키르기즈와 타지키스탄, 중앙아시아의 중심국 우즈베키스탄은 미·중·러의 이해관계가 날카롭게 대립하는 대표적 국가들이다. 미국은 9·11사태 이후 아프가니스탄 군사작전을 위한 기지로 활용키 위해 키르기즈 수도 비슈케크 교외 마나스 공항을 장기 임차했다^{나중 철수}. 키르기즈는 러시아의 영향 아래 있었으나, 9·11 사태 이후 미국과 러시아가 반反테러라는 공통 이해관계를 기초로 상호 접근함에 따라, 공항시설을 미국 등 서방국가에 제공하는 등 서방과의 관계를 긴밀히 해 나갔다. 타지키스탄 역시 미국·일본·독일 등 서방국가들과의 관계를 강화했다. 미국의 중앙아시아 진출을 가장 우려했던 나라는 중국이다. 중국은 급속한 경제성장에 필요한 석유와 천연가스 확보를 위해 1993년 이후 해외 유전에 거액을 투자해 왔다. 중국은 부족한 석유자원을 중앙아시아-카스피해 지역과 아프리카, 동중국해, 남중국해, 그리고 시베리아와 사할린 등 해외유전에서 보충해 왔다. 세계 최대 원유 수입국인 중국은 석유 수송로에 대한 미국의 통제가 강화되고 있다는 것을 잘 알고 있다. 이에 대비, 중국은 신장新疆 서단 카슈가르카스·언기: 焉耆까지 철도와 도로를 건설하고, 이 철도와 도로를 키르기즈와 우즈베키스탄까지 연결하는 한편, 카스피해 유전과 신장의 우루무치를 연결하는 장거리 석유, 천연가스 파이프라인을 건설해 놓았다. 중국은 러시아와 함께 1996년 「상하이-5」라는 이름으로 창설한 상하이협력기구SCO를 강화해 왔다. 중국은 알카에다와 IS 등 국제테러조직 및 탈레반과 연계된 「동투르키스탄 이슬람운동」의 준동에 대응한다는 명목으로 2003년 8월 초 중국과 카자흐스탄 국경 양쪽에서 러시아·카자흐스탄·키르기즈 병력과 함께 합동군사훈련을 실시했다. 이 합동군사훈련 과정에서 키르기즈 군이 중국 영토신장 내부로 진입했다. 외국군이 중국 영내로 진입한 것은 현대 중국 사상 최초이다. 이에 앞선 2002년 10월에는 중국군 이 1950년 6·25 전쟁 참전 이후 처음으로 외국 키르기즈에 파병되 어 키르기즈군과 합동군사훈련을 실시했다.

견제 받고 있는 중국

미국은 2001년 9.11 테러 이전에는 CIA와 석유메이저 UNOCAL 을 중심으로 탈레반을 지원했다. 심지어 반反탈레반적인 타직족 중심 북부동맹의 지도자 고故 마수드판지시르 계곡의 사자에게 빨리 탈레반에 항복하라고 권할 정도였다. 파키스탄과 사우디아라비아, UAE도 탈 레반을 지원했다. 하지만, 탈레반이 9.11 테러 배후 빈 라덴과 알카 에다를 감싸기 시작하자 미국과 탈레반 간 관계가 악화하기 시작했 다. 탈레반이 빈 라덴 인도를 거부하자 전쟁으로 비화했다. 미국은 2001년 12월 개전 2개월 만에 아프가니스탄 전역을 점령했다. 미국 은 이후 아프가니스탄은 물론, 우즈베키스탄과 키르기즈에도 장기 주둔할 움직임을 보였으며, 몽골에도 관심을 보였다. 2000년대 초 미국이 키르기즈 마나스 공군기지에 최첨단 레이더 시설과 최신형 전폭기 등을 배치하자 위협을 느낀 러시아는 마나스 기지에서 동북 방향으로 불과 60㎞ 떨어진 칸트 러시아 공군기지를 대폭 보강, 확 장했다. 러시아는 칸트 공군기지에 중동과 중국 대부분 지역을 커버 할 수 있는 첨단 레이더 시설과 전폭기를 배치했다. 마나스 기지와 칸트 기지는 중국이 선저우호神舟號와 톈궁天宮 등을 발사한 간쑤성 甘肅省 주취안酒泉 기지로부터 직선거리로 약 2,500㎞ 떨어져 있다. 중국이 위협을 느낀 것은 당연하다. 미국은 중국과의 신냉전 대응에 집중하고자 2021년 8월 아프가니스탄에서 완전 철군했다. 탈레반이 다시 아프가니스탄을 점령했다. 아프가니스탄과 접경한 중국은 1,100여만 명으로 추산되는 신장 위구르족 문제 악화를 우려하게 되었다. 중국군1만 명과 러시아군은 그해 8월 중국 닝샤 회족자치구에서 서부연합-2021 훈련을 실시했다. 직후 중국군과 러시아군은 SCO 주도로 러시아 오렌부르크에서 실시된 평화사명-2021 훈련에도 참가했다. 이 훈련에는 인도군과 파키스탄군 등도 참가했다.

미국, 중국과 중앙아시아

중국은 2013년 3월 시진핑 집권 이후 해방파적 방향반미·협력으로 대외정책을 조정해 나갔다. 미국이 키르기즈와 우즈베키스탄에 공군기지를 건설, 북서부로부터도 압력을 가하자 중국은 SCO 활동을 강화하고, 란저우 군관구현 서부전구 일부를 보강하는 방식으로 대응했다. 한편, 중국에 대한 중앙아시아 국가들의 우려에는 1970년대 말부터 계속되어 온 중국의 고속경제성장과 이에 따른 중국산 저가제품의 급격한 유입, 국경분쟁, 역사적 갈등 등이 혼재해 있다. 국가별로 입장 차이는 있으나, 우즈베키스탄·카자흐스탄·키르기즈·투르크메니스탄 등 중앙아시아 국가들에는 중국산 저가제품 범람이 이들의 산업기반 구축 자체를 무산시킬지도 모른다는 우려가 지속되어 왔다. 중국은 일대일로 정책을 통해 키르키즈의 인프라사회기반 건설을 지원했다. 이에 따라 키르키즈의 대외채무는 2008년 900만 달러에서 2017년 17억 달러로 190배 급증했다. 중국은 이른바 부채 외교debt diplomacy를 통해 키르키즈 외에도 카자흐스탄중국에 대한 부채가 GDP의 16%, 투르크메니스탄GDP의 23%, 타지키스탄 등에 대한 경제·사회적 영향력을 확보했다. 중국과 카자흐스탄, 키르기즈, 타지키스탄 간에는 18세기 청나라의 신장 점령과 19세기 제정 러시아의 신장 영토 잠식에 기인한 영토 분쟁 문제가 아직 해결되지 않고 있다. 아우에조프 전前 주중국 카자흐스탄 대사는 2003년 6월 『19세기의 중국과 21세기의 중국은 분명 다른 나라이나, 한 가지 공통점은 팽창의 욕망을 갖고 있는 것이다.』라고 말했다. 아우에조프 대사는 중국이 카스피해 유전 개발에 참여하고, 카스피해-신장 간 파이프라인 건설에 나설 경우, 5만~6만 명의 중국인석유탐사 기술자·근로자·상인·요리사들이 유입되어 카자흐스탄은 카자흐인, 러시아인, 중국인과 기타 소수민족으로 사분오열될 것이라고 주장했다. 키르기즈 정부는 1996년 체결된 키르기즈-중국 국경협정에 따라 이미 오래전 3만ha헥타르를 중국에 양도했으며, 1999년 새 국경협정에 의거, 다시 9만 5,000ha를 중국에 양도키로 결정했다. 이에 대해 키르기즈의 민족주의 정당인 「누스푸브」의 아샤바 부총재는 2003년 5월 "중국군이 키르기즈에 도착하기도 전에 키르기즈는 멸망하게 될 것이다."라고 정부의 영토 양도 결정을 비난했다. 중앙아시아 국가들은 대체로 중국이 진출하는 것에 대해서는 우려하고, 미국과 러시아, 한국, 터키OST 주도국의 진출은 환영하고 있다. 이들은 SCO내에서 러시아가 중국의 대항마對抗馬 역할을 해주기 바란다. 헌팅턴의 『문명의 충돌 Clash of Civilizations』 가설에 비추어 지리적으로 인접해 있고, 문화적·인종적·종교적 배경이 상이한 러시아와 중국은 장기적으로는 대립할 수밖에 없다. 러·중 충돌 가능성이 가장 큰 곳 중 한 곳이 중앙아시아이다. 러시아인이 총 인구의 20% 이상을 차지하며, 러시아 및 중국과 긴 국경을 맞대고 있는 카자흐스탄과 중국과 국경을 접한 키르키즈, 타지키스탄은 국가안보상 이유로 러시아 쪽으로 기울고 있고, 미국 등으로부터의 경제지원을 기대하는 우즈베키스탄은 서방 쪽으로 다소 기울고 있다.

한국과 중앙아시아: 이민 수용

중앙아시아는 지리적으로 만주-몽골-중앙아시아-킵차크볼가 강·돈강평원-헝가리로 이어지는 「초원의 길」의 중심에 위치해 있다. 우즈베키스탄은 톈산고원과 파미르고원에서 발원하는 시르다리야와 아무다리야로 에워싸인 인구 3,700만 명의 중앙아 최대 국가이다. '다리야'는 투르크어로 강江을 의미한다. 세계 유일 「double landlocked country」 우즈베키스탄은 카자흐스탄, 아프가니스탄 등 중앙아시아 6개국 모두와 국경을 접하고 있다. 타슈켄트 국제공항은 중앙아시아 허브공항이다. 우즈베키스탄 제2의 도시 사마르칸드 부근 나보이에는 유라시아 물류기지가 있다. 우리나라는 우즈베키스탄 서북부에 위치한 아랄해 연안 카라칼팍스탄 자치공화국 수르길 가스전 프로젝트 등에 거액을 투자했다. 브레진스키도 인용한 바와 같이, 중앙아시아에는 고대로부터 "아무다리야와 시르다리야 사이의 땅河中·트란스 옥수스을 지배하는 자가 중앙아시아를 제패하고, 중앙아시아를 제패하는 자가 인도 대륙과 이란·메소포타미아를 지배한다."는 말이 전해져 왔다. 셀주크제국, 티무르제국, 무굴제국이 모두 우즈베키스탄에서 기원했다. 우즈베키스탄에는 1937년 스탈린에 의해 연해주 등지로부터 강제 이주당한 고려인과 그 후손 20만여 명이 거주하고 있다. 우즈베키스탄은 천연가스, 석유, 우라늄, 금 등 풍부한 지하자원을 보유하고 있다. 2019년 국제원자력기구IAEA 보고에 의하면, 우즈베키스탄의 30여 개 광상鑛床에 분포된 우라늄의 가채 매장량은 10~20만t으로 세계 4위이다. 우즈베키스탄은 투르크메니스탄에 이은 중앙아시아-카스피해 지역 제2의 천연가스 생산국으로, 2000년대 초반 당시 추정 매장량은 80조~90조㎥에 달한다. 우즈베키스탄은 적은 량의 국내 소비분을 제외한 천연가스 대부분을 러시아, 중국, 카자흐스탄, 키르기즈 등으로 수출하고 있다.

우즈베키스탄과 타지키스탄, 키르기즈, 투르크메니스탄 등은 연 2~3% 정도로 인구증가율이 매우 높은 나라들이다. 국민 평균 연령은 30세가 되지 않을 정도로 젊다. 인도-이란계인 타지키스탄을 제외한 나머지 국가 대다수 국민들은 우리말과 어순語順이 거의 같은 투르크 계통 언어를 사용한다. 게르만족·라틴족 같은 켄툼 계열 토하라인, 그리고 인도-이란계와 슬라브족 같은 사템 계열 샤카塞인과 혼혈된 투르크계, 이란계 민족들로 우리와 인종적 공통점도 갖고 있다. 우리말을 비교적 쉽게 배울 수 있는 사람들이다. 다수가 이슬람교를 믿지만 세속적이다. 2020년 우리나라의 출산율은 OECD

회원국 평균의 1/2인 0.84로 떨어졌다. 회복될 가능성도 없다. 강원도와 경남·북, 전남·북, 충북, 심지어 경기도 일부 시·군도 소멸 위기에 처해 있다. 저출산은 경제와 복지, 교육, 국방 등 국가 모든 분야에 걸쳐 심각한 악영향을 미친다. 사람이 있어야 국가도 존재할 수 있다. 19세기 말 이후 프랑스가 프로이센Preußen·독일에 여러 차례 굴복하게 된 가장 큰 이유는 프랑스와 독일 간 인구수 역전에 있다. 그런데, 어느 정치인, 고위 관료도 저출산 문제에 진지한 관심을 기울이지 않는다. 지원 위주 저출산 대책은 효과가 제한적이라는 것이 이미 증명되었다. 중앙아시아 국가들과 우크라이나, 루마니아, 불가리아, 몰도바, 북北마케도니아, 러시아 등으로부터 2022년부터 10~30년간에 걸쳐 600~800만 명 정도 (개인이 아닌) 가족 단위, 그리고 마을 단위 이민을 받아들인다면, 인구 감소 문제를 해결하는 한편, 우리 경제와 사회 활력 제고에도 큰 도움이 될 것이다. 고려 말 다수의 위구르인들이 수도 개성에 정착한 사례가 있다. 이민자들을 강원도와 경·남북, 전·남북, 충북 등의 인구 소멸지역 위주로 집중 배치하고, 주거와 함께 생계 수단을 마련해 준다면 우리나라의 역동성 유지에도 기여할 것이다. 이와 함께, 이들 대상 한국어와 문화 교육 등 적응을 지원하는 과정에서 청년 일자리도 크게 늘어날 수 있을 것이다.

08

북핵과 북한,
한반도

동아시아-서태평양 질서 변화와 해방

19세기말~20세기 초 '일본의 굴기崛起'라는 동아시아-서태평양 정세 변화로 인해 망국이 찾아왔듯이 1945년 8월 해방도 일제日帝 패망에 따른 동아시아-서태평양 질서 급변과 함께 찾아왔다. △대구 10.1 사건 △제주 4.3 사건 △여순麗順 사건을 포함한 정치사회세력 간 갈등이 폭발하여 미·소의 국제권력정치와 맞물려 한반도는 분단되고 말았다. 한반도 통일 역시 미·중 신냉전 격화 결과 동아시아-서태평양 질서가 다시 근본적으로 바뀌어야 가능할 것이다. 한편, 1950년 6월 25일 단기간 내 무력통일 가능성을 확신한 북한의 남침은 해양세력을 대표한 미국과 한반도에 대해 심대한 지정학적 이해관계를 갖고 있는 중국의 대규모 군사개입으로 이어졌다. 소련도 뤼순-다롄 해·공군 기지를 이용하여 북한을 지원했다. 전선戰線은 38도선에서 출발하여 낙동강과 압록강 사이를 왔다 갔다 하다가 38도선 부근에서 멈췄다. 1953년 휴전 무렵 한국이 가진 가장 심각한 문제는 ①경제·군사력 취약, ②외교력 취약, ③정치·사회통합 부재였다. 우리는 당시와는 다르게 △내부를 통합하고, △경제력을 강화하며, △강대국이 주도하는 국제질서 변화에 기민하게 대응해야 한반도 평화를 유지하고, 통일을 달성할 수 있을 것이다. 유효수요有效需要 부족과 잠재성장률 하락으로 고민하는 한국이나 경제개발을 위한 자본과 기술 모두 갖고 있지 못한 북한 모두 상호 협력을 필요로 한다. 그렇지만 북한의 대량파괴무기WMD 개발과 이에 따른 국제연합UN 안보리의 대對북한 제재는 남·북 경협을 초기 단계에서부터 가로막고 있다.

북핵 문제는 한반도 문제

북핵 문제 해결을 위해 김대중, 노무현, 문재인 정부는 햇볕정책을, 이명박, 박근혜 정부는 전략적 인내strategic patience 정책을 취했다. 김정은은 2021년 8월 초 개최된 제8차 당 대회에서 전략 핵잠수함 개발을 공식화하는 한편, ICBM 기술 정교화를 앞당기라고 지시했다. 외교부 파견 국방협력관 평가(2021년 10월)에 따르면, 북한은 전술 핵탄두를 미사일 등 투발 수단에 탑재하는데 어떠한 기술적 어려움도 없을 정도의 핵무기 작전 운용 능력을 확보하고 있다

한다. 북한 핵문제는 해결은커녕 오히려 악화되었다.

그 이유는 다음과 같다.

첫째, 북한 핵문제는 남·북한만의 문제가 아니라, 미·중 등도 관련된 국제권력정치의 한 부분이기 때문이다. 이는 2019년 2월 하노이 개최 미·북 2차 정상회담 결렬로 다시 한 번 증명되었다.

둘째, 북한에게 있어 핵무기는 활동을 멈추면 죽는 심장 그 자체이기 때문이다. 북한은 체제 보전을 위해서는 무엇이든 할 수 있다. 북핵 문제는 북한 지도부의 생사가 걸린, 그리고 미·중·일 등 강대국들의 첨예한 이해관계가 좌우되는 '한반도 문제'의 결과물이기 때문에 남·북 접근만으로는 풀 수 없다.

북한 핵문제는 다음 이유로 북한또는 최소한 지배 엘리트이 망하지 않는 한 계속될 것이다.

첫째, 북한에게 있어 핵무기는 김정은을 포함한 '백두혈통'과 북한 체제를 보호하는 '포기할 수 없는 병기'이기 때문이다. 북한 핵은 벗어도 되는 이솝우화 속 「나그네의 외투外套」가 아니다. 북한은 핵무기의 원료가 되는 우라늄U과 플루토늄Pu 생산시설은 물론, 각종 불화우라늄Uranium Fluoride과 삼중수소3H·tritium 등 핵무기 생산에 필요한 재료와 생산·실험 시설들을 영변강선, 평양, 함흥, 흥남, 길주 지하 등 전국에 걸쳐 갖고 있다.

둘째, 미·중의 한반도에 대한 이해관계가 불일치하기 때문이다. 미국과 중국 모두 상대국 주도 한반도 문제 해결을 받아들일 수 없다. 그리고 미국은 한반도 문제를 해결할 의지가 없고, 현상타파 필요성도 느끼지 못하고 있다. 중국 역시 한반도 현상유지를 선호한다.

셋째, 근본적으로는 한반도의 주인인 한국이 북한 핵과 북한 문제를 해결할 수 있는 역량을 갖고 있지 못하기 때문이다. 그리고 한국 외교는 전술·전략적으로 뛰어나지 못하다. 외교 분야는 정치·사회적 중요성도 인정받지 못하고 있다. 진보·보수 간 북한과 미국, 중국, 일본을 보는 시각도 분열에 가까울 정도로 상이하다.

북한 핵은 김정은 등 백두혈통 포함 약 3만 명에 달하는 북한 지배 엘리트에게 어떤 의미를 갖고 있을까? 북한 핵무기는 정권 안정은 물론 체제 안정도 보장해 주는 방패이다. 김정은마저 이러한 북한 핵의 기능을 마음대로 바꿀 수 없다. 해결 가능성이 없는, 북핵 문제 해결을 통한 북한 문제 해결에 매달리기보다는 북한 문제를 먼저 해결하고 난 다음 북핵 문제 해결을 추구하는 것이 현실적이다. 북한이라는 숙주宿主가 사라지면 북한 핵이라는 기생충寄生蟲도 자연스레 말라 죽을 것이기 때문이다. 통일을 추구하면 더 통일이 되지 않는다. 이런 점에서 '1871년 독일 통일 기획자' 비스마르크나 '1990년 통독의 책사' 에곤 바보다는 가리발디Giuseppe Garibaldi 장군과 함께, 1861년 프랑스와 오스트리아제국, 스페인, 교황 등에 의해 갈가리 찢긴 이탈리아 통일을 성공시킨 '여우' 카부르Conte di Cavour 외교를 참고해야 한다.

자본주의화하고 있는 북한

북한은 '신성가족神聖家族' 백두혈통 포함 소수 권력 엘리트가 얼마 되지 않은 경제이익을 독점하는 가산국가patrimonial state이다. 1990년대 초 공산권 붕괴와 「고난의 행군」으로 상징되는 혹독한 경제위기 이래 북한 정권은 국가노동당와 사회가 분리된 단절정권severed regime이 되었다. 이러한 상황에서 국가와 사회를 연결시켜주는 2가지 고리는 공포terror와 부패corruption이다. 북한은 노동당선군시대의 군이 사회를 공포로 다스리고, 사회가 국가에 뇌물을 바침으로써 국가와 사회가 완전히 분리되지는 않은 채 유지되고 있다. 김정은 시대 들어 이른바 '수령'의 권력은 더 강화되었다. 북한은 2019년 말 시작된 코로나 팬데믹 이전까지 자본주의화의 길을 걷고 있었다. (북한은 2021년 다시 '돈표'를 발행하는 등 통제경제체제로 회귀하는 듯 하다.) 대규모 매대賣臺 운영자가 국가기관이나 국유기업일 정도이다. 만연한 부패로 인해 지배 기구인 노동당과 군대, 심지어 통치체제인 법령과 제도마저 시장화 되었다. UN 제재가 제대로 작동하고 있는 것은 북한 경제가 개방되어 있으며, 시장화 되어있기 때문이다. 북한 문제 해결을 가능케 할 수 있는 가장 중요한 요소 중 하나는 자생적 자본가와 권력형 자본가를 아우르는 5,000여 신흥자본가의 존재이다. 그들은 북한 체제를 바꿀 수 있는 거의 유일한 세력이다. 그들은 북한의 시장화를 촉진하면서도 시장화 과정에서 독점적 경제이익地代·rent 확보에 방해가 되는 일정 수준 이상의 개혁에는 제동을 거는 「양날의 검」으로 작동할 수 있다. 북한 경제를 이끌어가는 신흥자본가의 관점에서 볼 때 핵무기와 경제개발은 불가분 관계에 있다. 이런 상황에서 핵과 경제개발 중 택일擇一을 강요하는 제재 일변도 정책은 실효성에 제약을 받을 수밖에 없다. 「대량파괴무기 WMD 완전 포기-제재 일괄 해제」라는 '일괄타결all for all'은 현실적이지 못하다. 북한은 비핵화 최종단계를 제시할 자신감도 능력도 없다. 북한 체제의 내구력을 소진케 함으로써, 핵이냐? 경제냐? 양자택일 할 수밖에 없게 만든다는 '전략적 인내' 전략은 해양세력 미·일과 대륙세력 중국이 대립하는 한반도 지정학적 구조상 현실성이 부족하다. 극단적 경우에는 한반도 전쟁으로 이어질 수도 있다. 중국은 북한이 가진, '외곽의 참호塹壕'라는 지전략적geo-strategic 자산을 포기할 생각이 없다. 시진핑이 2018년 6월싱가포르과 2019년 2월하노이 미국과 건곤일척乾坤一擲 담판에 나선 김정은과 5차례나 면담하는 등 중국은 북한의 뒷배가 되어 주었다. 중국은 2018년에만 북한에 비료 16만 2천 톤을 지원했다. 비료 1톤은 식량 2~3톤과 맞먹는다. 중국은 코로나 팬데믹으로 인해 북한이 심각한 위기에 처하자 다시 상당 규모 식량과 석유를 제공했다.

북폭北爆은 제2의 6.25 야기

군사적 해결 방안 역시 현실성이 없다. 1994년 4월 영변 핵시설에 대한 외과수술적 정밀공격surgical strike 계획을 세웠던 페리William Perry 전前 미국 국방장관은 2009년 5월 다시 영변 핵시설에 대한 군사공격 가능성을 거론했다. 북한이 ICBM급 화성-14호와 IRBM 화성-12호를 발사하고, 6차 핵실험을 감행한 2017년 7~9월에도 미국은 북한이 핵무기 50~60여 기를 투발할 가능성에 대비, B1, B52 전략폭격기와 스텔스 전투기 등을 동원, 선제공격을 준비했다 한다. 한국 정치권이나 외교안보 전문가 일부도 북한 핵문제 해결방안에서 북한 핵시설에 대한 외과수술적 정밀공격 안option을 배제해서는 안 된다고 주장한다. 이를 통해 핵과 미사일 등 WMD 개발·확산과 관련된 북한의 행동을 제어하고, 북한을 협상 무대로 끌어낼 수 있기 때문이라는 것이다. 그런데, 우리 스스로는 북한 핵시설에 대한 외과수술적 정밀공격을 단행할 수 있는 충분한 정보와 폭격 수단을 갖고 있지 못하다. 필요한 수단을 확보하더라도 실제 공격을 단행하기 위해서는 전시작전통제권을 갖고 있는 미국의 동의가 필요하다. 파괴적 후유증도 생각해야 한다. 미국 강경파마저 북폭北爆에는 반대한다. 서울과 인근에 20만 여명의 미국인이 살고 있기 때문이다. 한반도에서 WMD가 동원된 전면전이 재발하면, 미국인은 5~6만 명 사망할 것이나, 한반도인은 최대 500만~1천만 명 가까이 희생될 것으로 추산된다. 한반도 전쟁 재발은 한반도의 우크라이나화분단 영구화, 시리아화국제 전쟁터로 이어질 수 있다. 한반도 전쟁이 재발하면, 미국은 물론 중·일·러 등 인근 강대국도 개입할 것이다. 우리 사회 일각은 북한 핵에 대한 대항 수단으로 미국 전술 핵무기 도입 또는 NATO식 핵 공유 필요성을 주장한다. 핵 공유는 몰라도 미국 전술 핵무기 도입은 여러 가지 측면에서 조심스레 재검토해 보아야 한다. 첫째, 이는 미국의 세계전략과도 밀접하게 관련되어 있어 미국의 외교정책변경이 필요하고, 둘째, '한반도 비핵화 선언'과 위배되며, 핵

확산금지조약NPT 위반 논란도 불러일으킬 수 있다. 결국 북핵 폐기도 요구할 수 없게 된다. 셋째, 결정적으로는 미국 전술핵무기 한국도입은 중국과의 극한 대결을 야기, 한국이 외교·경제·군사적으로 큰 피해를 입을 수 있다. 이 때문에 북핵에 맞서기 위해서는 전술 핵무기를 도입하기보다는 초음속 탄도·순항 미사일 기술을 발전시키고, 핵잠수함을 개발하는 것이 더 현실적이다. 단기간 내 핵무장 할 수 있는 상태를 만들어 놓는 것이 바람직하다는 뜻이다.

　한반도 문제 관련 가장 중요한 두 나라는 미·중이다. 중국 지도부는 경제 발전에 암초暗礁가 될 한반도 전쟁 재발을 원치 않는다. 2013년 2월 북한의 제3차 핵실험 시「문 앞의 난동을 좌시하지 않겠다.」고 했듯이, 중국은 세계를 혼란에 빠뜨릴 수 있는 북한의 군사 도발을 용납하지 않을 것이다. 여기에다가 세계 제6위 전력으로 평가받는 국군과 함께 약 28,500명에 달하는 주한 미군도 있기 때문에 자폭自爆을 생각하지 않는 한 북한이 (국지전이 아닌) 전면전을 감행할 가능성은 없다. 2012년 11월 시진핑 집권이후 한 때 한·중 관계가 크게 발전했던 것은 중국의 대對 미국· 일본·북한 관계와 관련하여 한국이 더 중요해졌기도 하지만, 중국이 세계전략과 관련하여 가급적 한국을 포용하려는 입장을 갖고 있었던 것도 한 가지 이유다. 19세기 후반기와 20세기 전반기, 미국과 일본, 독일 등이 보여주었듯이, 급격히 국력이 증강되는 국가는 가능한 모든 방법을 동원, 인근 국가들에 대한 영향력을 확대하려는 공격적 현실주의 입장을 취한다. 시진핑이 2014년 7월 중국 국가주석으로는 최초로 북한에 앞서 한국을 방문한 것도 공격적 현실주의의 일환으로 판단된다. 당시 중국은 한국을 우대하고, 북한을 홀대했다. 중국은 당시 미국 포함 해양세력과의 대치선confrontation line을 휴전선에서 대한 해협으로 옮기기를 원했다. 중국은 일대일로一帶一路, AIIB, 역내포괄적경제동반자협정RCEP을 주도하는 등 지경학적地經學的 접근을 통해서도 중국 중심 동아시아−서태평양 신질서 구축을 시도하고 있다. 미국 주도 대對중국 포위망 중 약한 고리인 타이완과 남중국해에서 보여주고 있는 것과 같이 군사력 동원 가능성도 배제하지 않고 있다.

진보·보수는 적敵이 아니다

남·북 갈등이 격화되면 이득을 보는 것은 인근 국가들이다. 2018년과 2019년 총 2차례의 미·북 정상회담에서 확인되었듯이 미국은 한반도 현상유지를 타파할 생각이 없어 보인다. 북한 문제 관련 미국의 정책을 변경시키기 위해서는 중국 포위를 위한 미국의 인도−태평양 전략에 적합한 전략을 제시해야 한다. 또한 그것이 중국의 국익과 결정적으로 배치되어서도 안 된다. 실패국가a failed state 북한은 이미 오래전 한반도의 주인 자격을 잃었다. 우리는 주인답게 행동해야 한다. 제3국에게 국가안보를 맡기고, 제3국의 힘으로 한반도 문제를 해결하려 해서는 안 된다. 이를 위해 우리는 무엇보다, 첨예화된 진영 간 대립을 해소해야 한다. 진보·보수는 경쟁자이지 서로 적이 아니다. 1950년 발표된 애치슨라인미국의 동아시아 방어선에서 한국과 타이완 제외을 통해서도 알 수 있듯이, 미국에게 있어 한국은 상실해도 어쩔 수 없는 정도의 비중을 갖고 있지만, 중국에게 있어 북한은 결코 포기할 수 없는 사활死活의 땅이다. 통일을 위해서는 미국·중국·일본·러시아 모두와 좋은 관계를 유지해야 한다. 대對북한 경협은 남·북 갈등은 줄이고, 협력은 확대할 수 있는 거의 유일한 수단이다. 남·북은 이제 서로를 파멸시켜야 할 적으로 보는 시각에서 벗어나야 한다.

통일 역량 필요

일부 외교안보 전문가들은 핵무기를 가진 북한과는 대화 자체가 불가능하다고 말한다. 「절대 빈곤의 고립된 성리학적 종교왕정 독재국가」 북한이 체제 해체 위험을 무릅쓰면서까지 핵무기를 포기할 가능성은 전혀 없다. 김정은은 2018년 4월 북한 노동당 제7기 3차 전원회의를 통해 핵·경제 병진 노선을 중단하고, 경제건설에 매진하자는 새로운 노선을 천명했다. 50~60여기의 (소형화된) 핵무기와 ICBM, SLBM 포함 전술·전략 핵무기를 충분히 확보한 것으로 판단했기 때문이다. 북한은 더 이상 중앙계획만을 기초로 경제를 운용하는 폐쇄경제가 아니다. 1990년대 중후반 「고난의 행군」을 경험한 북한은 장마당 경제로 이행했다. 북한 경제의 대외의존도는 60% 가까이 되며, 부패지수는 정부가 기능을 멈춘 소말리아, 아이티와 유사하다. '북한 핵'은 민관유착을 뜻하는 '부패'와 함께 북한 체제의 안정성을 보장하는 2대 요소의 하나이다. 북한을 변화시키기 위해서는 신흥자본가에게 북한을 개혁할 수 있는 인센티브를 제공해야 한다. 경제이익을 제공하여 신흥자본가를 변화시키고, 북한체제도 변화시켜야 한다. 북한을 봉쇄한 채 내 버려두면, 북한은 인민의 피를 팔아서라도 핵 무력만은 유지하려 할 것이다. 이는 북한으로 하여금 중국과 러시아에 더 의존하게 만들 것이다. 북한은 중국, 러시아로부터 제한된 지원만 확보하더라도 상당 기간 체제를 유지해 나가는 데 큰 문제가 없을 것이기 때문이다. COVID-19가 북한의 문을 걸어 잠그게 했지만, 변화하지 않으면 북한은 결국 장기간은 버티지 못할 것이다.

세계는 한국을 중심으로 돌아가지 않는다

세계는 물론, 동아시아-서태평양도 결코 한국을 중심으로 돌아가지 않는다. 우리 대통령도 재임기간 중 매일 아침 미국, 소련, 중국, 독일 등의 주요 일간지 1면을 모두 번역시켜 읽었다는 고故 나카소네 일본 총리의 사례를 참조해야 한다. 미국과 동맹이 필요하지만, 우리를 지키는 것은 결국 우리 자신이다. 우리가 북한 포함 외부세력의 국지局地 공격 정도에는 즉각 반격할 수 있을 정도로 강력해질 때 비로소 미국이나 중국, 일본, 그리고 무엇보다 북한이 우리를 가볍게 보지 않는다. △탄도, 순항미사일 요격무기 △고성능 탄도·순항 미사일과 △핵추진 잠수함 △군사정보 획득을 위한 위성 포함 첨단 정찰수단 등 압도적 대북對北 우위를 확보해야 한다. 그래야만 북한에 양보도 해 가면서 북한을 대화로 끌어들일 수 있다. 한반도 현상유지는 타파되어야 한다. 하지만, 북한이 붕괴implosion 또는

explosion하면 우리가 문제없이 북한을 흡수·통일할 수 있으리라고 보는 것은 「우물 안 개구리」 같은 시각이다. 북한이 혼란에 처하면 적어도 3~4백만 명이 압록강과 두만강을 건너 만주로, 2~3백만 명은 휴전선을 넘어 한국으로, 그리고 수십만 명은 선박 편으로 동해 또는 서해를 건너 일본과 중국본토로 건너가려 할 것이다. 중국과 일본은 이를 두고만 볼 것인가? 미군은 우리가 바라는 대로 용병傭兵처럼 움직여 줄 것인가? 중국이 1961년 체결된 조·중 군사동맹조중우호협력·상호원조 조약에 의거, 난민 입국 저지와 핵무기 통제를 이유로 붕괴된 북한에 병력을 진주시키고, 이를 빌미로 미국과 일본, 러시아도 파병하면 어떤 상황이 야기될까? 우리는 외교적, 경제적, 군사적으로 이를 감당할 만한 역량을 갖고 있는가?

「1민족 2국가」, 남북협력부

공산권 전문가 란코프Andrei Lankov 교수에 의하면, 북한 지배 엘리트들이 개혁·개방을 결정하지 못하는 가장 큰 이유는 개혁·개방은 한국과의 접촉 증대를 의미하고, 이는 결국 체제 붕괴를 야기할 것으로 보고 있기 때문이라 한다. 개혁개방은 지배 엘리트의 특권 상실은 물론, 생명까지 위협할 가능성이 큰 것으로 보기 때문이라는 것이다. 동독, 폴란드, 헝가리, 루마니아 공산체제가 비교적 쉽게 무너진 것은 공산정권 지도자들이 체제 변혁이후에도 기득권을 잃지 않으리라 계산했기 때문이었다. '통일'은 (당연히 한국이 아닌) 북한 체제의 소멸을 의미한다. '통일'을 말하면, 북한이 더 경각심을 갖게 되어 더 통일이 되지 않는다. 「1민족 2국가잠정」 체제를 받아들이는 것이 한반도의 평화와 안정을 위해 바람직하다. '통일부'를 '남북협력부'로 바꾸고, 대북對北 교류협력 지원에 집중해야 한다. 이것이 한반도를 좀 더 안정적, 평화적으로 만드는 방법이다. 단기간 내 북한핵 문제 해결이나 한반도 통일은 불가능하다는 현실을 있는 그대로 수용해야 한다. 우리는 북한이 생존에 위협을 느끼지 않으면서도 경제 발전에 도움이 되는 것으로 판단하게 할 만한 방안을 제시해야 한다. 북한을 중국의 구심력으로부터 떼어놓는 것이 중국의 팽창을 저지하기 위해 무엇보다 필요하고, 효과적인 방법임을 미국에게 납득시킬 필요가 있다. 이런 시각에서 강원도 동북부 해안 한국 남南고성과 북한 북北고성을 합쳐 1,523㎢ 크기의 50~100년 기한 국제도시로 만드는 방안도 검토해 볼 만하다.

09

독일 통일과 한반도

1989년 11월 9일 동독Deutsche Demokratische Republik 집권당인 사회주의통일당SED 샤봅스키Günter Schabowski 정보 서기는 기자단 앞에서 동독 시민들은 '지금 즉시' 자유롭게 해외여행을 할 수 있다고 말했다. 이 소식이 전해지자 수많은 동베를린 시민들이 동-서 베를린을 가로지른 베를린 장벽으로 몰려들었다. 베를린 장벽은 몰려든 시민들에 의해 세워진지 28년 만에 무너졌다. 다음해인 1990년 초 서독Bundesrepublik Deutschland이 경제난에 처한 소련에 원조를 제공하면서 동·서독과 미국, 소련, 영국, 프랑스가 참가하는, 독일 통일 문제 논의를 위한 2+4회담이 개최되었다. 1990년 8월 말 통일조약이 체결되고, 9월 2+4 회의의 승인을 받아 10월 3일 '거짓말 같이' 통일이 이루어졌다. 많은 외교관들과 국제정치학자들은 독일 통일을 '동방정책Ostpolitik'의 승리라고 평가하고 있다. 아직도 많은 사람들이 동방정책에 앞서 '서방정책Westpolitik'이 있었으며, 동방정책은 '서방정책의 또 다른 이름'이라는 것을 알지 못한다.

보수의 아버지 아데나워Konrad Adenauer

1939년 5월 유라시아 대륙의 동쪽 동몽골東蒙古 노몽한할힌골 일대에서 벌어진 일본 관동군과 소련군 간 전투는 탱크를 앞세워 밀집 사격전술을 활용한 주코프Georgi Zhukov 장군 휘하 소련군의 승리로 끝났다. 노몽한 전투는 1939년 9월 독일군과 소련군의 폴란드 침공, 1940년 5월 독일군의 벨기에·프랑스 침공, 1941년 6월 독일군의 소련 침공, 1941년 12월 일본군의 하와이 진주만 기습 등 제2차 세계대전으로 가는 시발점이 되었다. 히틀러 제국독일 제3제국·das Dritte Reich은 1941년 6월 소련 침공 이후 소련은 물론, 미국·영국 등 4면에서 적을 맞게 되었으며, 1945년 4월 베를린마저 함락당하고, 역사의 저편으로 사라졌다. 독일은 패전으로 인해 프로이센 왕국 이래의 고유 영토 오더-나이세선Oder-Neiße Line 이동 10만㎢ 이상을 소련 Kaliningrad(Königsberg) 할양과 폴란드에게 빼앗겼으며, 나머지 영토도 미국·소련·영국·프랑스에게 분할 점령당했다. 1918년 제1차 세계대전 패전에 이어 불과 27년 만인 1945년 두 번째 패전을 겪은 독일인들은 심리적 공황에 빠졌다. 공황 상태의 서독을 추슬러 '라인강의 기적'을 이루어내고, NATO와 유럽공동체EC에 가입시켜 다시 열강의 하나로 우뚝 서게 만든 전前 서독 총리 아데나워Konrad Adenauer

가 지금2021년으로부터 54년 전인 1967년 4월 라인강변 소도시 뢴 도르프Röhndorf에서 91세의 나이로 서거했다. 제1차 세계대전 이후 세워진 바이마르 공화국1919~1933 시절 루르 공업지대 노트라인-베스트팔렌주의 대도시 쾰른Köln 시장을 지낸 보수 기민당CDU 출신 아데나워는 1949년 73세의 나이로 서독 총리로 선출되었다. 2차 세계대전 전승국 미국·영국·프랑스는 당시 합법적으로 서독 내정에 개입할 수 있었다.

아데나워는 우선 △경제성장과 △서독의 국제지위 회복이라는 2대 목표 달성에 주력했다. 아데나워는 경제를 성장시켜야 공산주의의 위협을 저지할 수 있고, 서독의 국제지위도 회복할 수 있을 것으로 판단했다. 아데나워는 에어하트Ludwig Erhard에게 경제정책을 위임하여 지금도 전 세계가 찬탄하는 라인강의 기적을 이루어 내었다. 라인강의 기적에 힘입어 서독의 1인당 GDP는 2021년 현재 경상가치 기준 1950년 약 1,200달러에서 1969년 약 7,000달러로 급증했다.

미텔 오이로파Mittel Europa 독일,
항상 서쪽을 정리하고 난 다음 동쪽 정리

제2차 세계대전이 끝난 1945년까지 독일인들에게 있어 민족주의란 대체로 보수측의 가치였다. 진보측은 일반적으로 국제주의적 경향을 보였다. 아데나워는 1951년부터 1955년까지 외무장관을 겸직했다. 아데나워는 일정기간 전승국 미·영·불의 간섭은 어쩔 수 없이 받아들이되 주권을 강화하는 것을 최우선 목표로 삼았다. 아데나워 외교 방향은 바이마르공화국 시절 총리 슈트레제만 Gustaf Stresemann이 추진한 '영·프와의 관계 개선 후 소련러시아에 접근한다.'는 방식과 유사했다. 아데나워나 슈트레제만의 외교정책은 모두 '독일에 대한 궁극적 위협은 동쪽 소련러시아으로부터 나오며, 서쪽 영·프와의 관계를 개선하고 난 다음 소련러시아에 대응한다.'는 독일의 기본적 국가전략에 기초했다. 미텔 오이로파Mittel Europa: 동유럽과 서유럽에 포위된 중부유럽 독일은 18세기 이후 외교, 전쟁할 것 없이 일관되게 서쪽을 먼저 정리하고 난 다음 동쪽에 대응하는 정책을 취해 왔다. 비스마르크와 빌헬름 2세, 슈트레제만, 히틀러 모두 같은 정책을 취했다. 제2차 세계대전 후 보수 아데나워와 진보 브란트 외교역시 마찬가지였다. '미텔 아지엔Mittel Asien' 한반도 남쪽에 자리한 한국도 동남일본, 미국 문제를 먼저 해결하고 난 다음 서북북한, 중국 문제에 대응해야 한다. 제2차 세계대전 패전 후 아데나워와 제1차 세계대전 패전 후 슈트레제만 외교는 모두 '독일이 취약한 상태에 있다.'는 것을 인정하는 데서 출발했다. 아데나워 외교의 중심은 환대서양transatlantic 관계, 즉 미국과의 관계 강화와 프랑스·베네룩스 3국과의 경제협력 증진이었다. 핵무장한 소련으로부터 위협받는 상황에서 서독은 미국으로부터의 경제, 군사 지원도 필요했다. 아데나워는, 영국을 혐오했던 슈트레제만과는 달리, 소련의 위협에 맞서기 위해서는 미·영·프와의 동맹이 긴요하다고 확신했다. 서독은 1950년 발의된 슈망 플랜Schuman Plan을 통해 패전국의 멍에를 벗을 수 있었다. 슈망 플랜에 근거하여, 1951년 서독과 프랑스·이탈리아·베네룩스 3국이 참가하는 유럽석탄철강공동체ECSC가 창설되었다. 서독은 ECSC를 통해 해외시장을 확보하여 경제를 계속 성장시키고 주권도 강화해 나갈 수 있었다.

경제력 강화, 공산주의에 대한 면역력 확보

아데나워의 '서방정책'은 진보 사민당SPD 슈마허Kurt Schumacher 대표의 반대에 부딪혔다. 독일 통일을 최우선 과제로 제시한 사민당은 '아데나워가 서독을 미·영·프에 팔아넘기고 있다.'고 비난하는 한편, 서독의 슈망 플랜 참가도 반대했다. 사민당은 아데나워의 서방정책이 서독을 미국 블록에 편입시킴으로써 독일 통일을 어렵게 할 것으로 보았다. 하지만 아데나워는 독일 통일은 유럽질서가 근본적으로 변해야만 이루어질 수 있을 것이라고 판단했다. 아데나워는 당장 독일 통일을 추구하는 것보다는 서독을 유럽에 통합시켜야만 독일 통일도 가능해 질 수 있을 것이라고 생각했다. 이에 따라, 아데나워는 1952년 스탈린이 제안한 '중립국 통일안'을 거부했다. 1950년 6월 발발한 6.25 전쟁은 서독에게 큰 기회로 작용했다. 6.25 전쟁 특수는 라인강의 기적을 이루어내는 밑거름이 되었다. 6.25 전쟁으로 인해 미국의 주된 관심이 유럽에서 동아시아로 향했다. 유럽은 소련의 군사력에 그대로 노출되었다. 한반도 다음은 유럽이 아닌가 하는 공포가 서독 재무장에 대한 영·프의 알레르기적 반응을 희석시켰다. 이에 따라, 서독의 재무장 논의가 급진전되었다. 미·영·프 등은 6.25 전쟁이 발발한 몇 개월 후 개최된 뉴욕 외무장관 회의에서 서독 재무장에 합의했다. 서독은 1955년 5월 파리조약 발효와 함께 군사 주권을 회복하고, 다시 연방군을 조직할 수 있었다. 서독은 1958년 NATO에 가입했으며, 그 1년 전인 1957년 유럽경제공동체 설립을 위한 로마조약에도 가입했다. 동·서독 분단은 더 굳어졌다. 하지만 서독이 라인강의 기적에 힘입어 국력을 회복함에 따라 미·소 등 강대국들은 서독의 국제지위를 인정해주는 한편, 독일 통일의 주체로도 인식하기 시작했다. 서독의 국제지위 회복이라는 1차 목표를 달성한 아데나워는 유라시아대륙 상황 변화에 주목했다. 아데나워는 세계 어느 나라 지도자보다 빨리 중·소 분쟁 진전에 관심을 기울였다. 아데나워는 1962년 3월 『르몽드』 인터뷰에서 '소련이 중국을 위협으로 간주하고 있는 것으로 알고 있다.'고 말했다. 아데나워는 중·소는 △6.25 전쟁 △제1, 2차 타이완 해협 위기 △중국의 대약진운동 등을 거치면서 단순한 갈등을 넘어 적대 관계에 들어갔다고 판단했다. 당시 중국 인구가 7억여 명이었던 데 반해 소련 인구는 2억여 명에 불과했다. 아데나워는 중국의 거대한 잠재력에 주목했다. 아데나워는 1960년대 말 나타나는 미국-소련-중국 간 3각 구도도 예상했다. 아데나워는 중·소 분쟁은 서독을 포함한 유럽의 안정과 평화에 도움을 줄 것이라고 보았다. 소련이 중국을 제압하기 위해서는 군사력을 동아시아에 집중시켜야 하므로 서독과 프랑스 포함 유럽에 대해 온건하게 나올 수밖에 없을 것이라고 판단했다. 아데나워는 1962년, 1963년 드골Charles De Gaulle 프랑스 대통령과의 정상회담 시 서독과 프랑스가 중·소 분쟁을 어떻게 활용할 수 있을지에 대해 논의했다. 이러한 호의적 분위기를 배경으로 서독은 1963년 독·프 우호조약을 체결하여 프랑스와 동등한 국제지위를 확보하는 데 성공했다. 드골이 중국에 접근한 것은 중국을 강화시켜 소련으로 하여금 서유럽에 보다 우호적인 정책을 취하지 않을 수 없도록 만들기 위해서였다. 프랑스와 중국은 1964년 1월 외교관계 수립이라는 역사적 결정에 도달했다. 아데나워의 서방정책은 서독의 급속한 경제성장과 국제지위 향상에 기여했다. 그의 서방정책은 독일 통일로 가기 위한 하나의 수단이었다. 아데나워의 다른 업적 중 하나는 독일사회로 하여금 공산당에 대한 면역력을 갖게 했다는 것이다. 독일공산당KPD은 1949년 실시된 서독 총선에서 5.7%를 득표하여 연방의회에 진출했다. 하지만 독일공산당은 동독 공산당과의 연계를 의심받은 데에다 스탈린을 옹호하는 실책을 저질러 1953년 총선에서는 겨우 2.2%를 득표하여 연방의회 진출에 실패했다. 독일공산당은 1956년 칼스루헤 연방헌법재판소에서 정당 활동이 '자유민주적 기본질서에 반한다.'는 판결을 받아 해산 당했다. 독일공산당 해산 과정에서 아데나워 행정부와 CIA의 역할이 숨어 있었음은 물론이다. 독일공산당을 계승한 독일평화연합DFU은 1961년 총선에서 1.9%, 1962년 노동자 집중 거주 지역인 노트라인-베스트팔렌주 의회선거에서 2.0%를 득표하는 데 그쳐 연방은 물론 주의회州議會 진출에도 실패했다. 독일사회의 공산당에 대한 면역력이 확인된 것이다.

브란트와 에곤 바이 동방정책접근을 통한 변화

　　보수 정치인 아데나워가 이루어놓은 △경제성장과 국제지위 향상 △공산당에 대한 면역력 확보는 진보 정치인 브란트Willy Brandt, 본명 Herbert Ernst Karl Frahm가 집권하고, 동방정책을 추진할 수 있는 토대가 되었다. 1960년을 전후하여 소련이 핵과 미사일 전력을 대폭 강화함에 따라 미국은 더 이상 소련에 대한 전략적 우위를 갖지 못하게 되었다. 보수 기민/기사연합CDU/CSU이 사회복지 등 진보정책을 대거 수용하자 정치적 위기에 몰리게 된 진보 사민당SPD은 1959년 바드 고데스베르크Bad Godesberg 전당대회를 계기로 이념 정당에서 탈피하였으며, 아데나워 주도의 '서방정책'도 받아들이기 시작했다. 아데나워의 서방정책은 독일 분단을 강화하는 것은 물론 독재체제 아래 고통 받는 동독 주민들의 삶을 더 피폐하게 만드는 약점도 갖고 있었다. 나중 독일 통일의 책사로 알려지게 되는 기자 출신 '바 Egon Karl-Heinz Bahr, 1922~2015'는 1963년 바이에른주 휴양지에서 독일 통일을 향한 새로운 접근 방식을 구상했다. 바는 모든 문제를 독일 민족주의 프레임frame으로 생각했다. 내심으로는 독일 통일을 추구했지만, 밖으로는 통일을 추구한다는 말을 하지 않았다. 바는 보수 정치인 아데나워는 물론 진보 정치인 슈마허도 독일 분리주의자라고 생각했다. 그의 관점에서 볼 때 아데나워는 무엇이 독일의 진정한 국익인지 제대로 이해하지 못하고 있었다. 바는 아데나워가 독일과 미국의 국익을 혼동하고 있다고 생각했다. 그는 독일 통일을 위한 조건들은 소련과 함께 가야만 확보할 수 있다고 보았다. 따라서 동독을 흔들 것이 아니라 안정시켜야 소련과의 타협이 가능할 것이라고 생각했다. 바는 서독이 동독을 인정하고, 교역을 통해 동독 주민들의 생활수준을 개선시켜 동·서독 간 정치·경제·문화적 유대를 증진함으로써 장기적으로 통일을 달성할 수 있을 것이라고 생각했다. 바는 이를 '접근을 통한 변화Wandel durch Annäherung'라는 말로 정리했다. 1968년 11월 미국 대선에서 닉슨Richard Nixon이 당선되었다. 닉슨의 외교책사 키신저Henry Kissinger는 그 3개월 전인 8월 벌어진 프라하 사태바르샤바 동맹군의 프라하 침공에도 불구하고, 소련에 대해 긴장완화 정책을 취하기 시작했다. 키신저는 이에 앞선 1964년 워싱턴에서 바와 만났는데, 바의 새로운 아이디어가 독일민족주의에서 비롯되었다고 보았다. 키신저는 바를 비스마르크적 전통을 가진 게르만 민족주의자라고 생각했다. 당시 제1당 기민당과의 대연정을 거쳐 사민당좌파 출신으로는 최초로 1969년 서독 총리로 선출된 브란트는 1960년 서베를린 시장 시절부터 함께 일해 온 동지 바를 특임장관으로 기용했다.

유태인의 마음을 얻다

바는 미국과는 다소 거리를 두면서 소련에 접근하는 외교정책을 폈다. 키신저는 소련이 서독의 동방정책을 이용하여 서방을 분열시킬 수 있다고 보았다. 하지만 키신저는 미국이 서독의 동방정책을 반대하면 소련이라는 공동의 적을 앞에 두고 미국-서독 간 관계가 나빠질 수 있다는 점을 고려하여 반대하지는 않았다. 동방정책이 베를린 문제에 대한 소련의 양보를 이끌어내어 근 20년간이나 지속된 베를린 위기를 종식시키는 데 기여했다는 이유도 있었다. 브란트는 1970년 12월 폴란드를 방문하여 겨울비 내리는 바르샤바 유태인 희생자 기념비 앞에 무릎을 꿇었다. 키신저를 포함한 미국 유태인의 마음을 얻지 못하고서는 독일 통일이 불가능하다는 것을 파악한 까닭이었다. 브란트와 바는 유태인들이 가진 미국 포함 국제사회에 대한 영향력을 정확하게 파악하고 있었다. 1972년 11월 동·서독 간 '동독을 주권국가로 인정하며, 동·서독 간 교류를 확대해 나가자'는 내용의 기본조약이 체결되었다. 이른바 '1민족게르만 2국가동·서독' 노선을 채택한 것이다. 기본조약은 동·서독 간 교류를 촉진시켰다. 이산가족이 재결합하고, 일부 동독인의 서독 이주도 허용되었다. 상당한 액수를 지불한 석방거래Freikauf를 통해 동독 정치범 33,000여 명을 서독으로 이주시켰다. 동·서독 간 교류 확대는 서독에 대한 동독의 경제의존 증대로 이어졌다.

보수우파가 진보좌파의 동방정책을 이어받다

동독 스파이 기욤Günter Guillaume 사건으로 인해 실각한 사민당 SPD 좌파 브란트에 이어 1974년 5월 집권한 사민당 우파 슈미트 Helmut Schmidt도 동방정책을 계속 추진했다. 1970년대 중후반 오일 쇼크에 따른 경제성장 둔화와 실업률 상승, 미국의 중거리탄도사일 퍼싱II 서독 배치에 따른 전국적 시위로 인해 1982년 실각한 슈미트를 대신하여 집권한 보수 기민당CDU 출신 콜Helmut Kohl 총리는 바가

창안한 동방정책의 틀을 폐기하지 않았다. 바는 콜을 만나 동방정책의 대강을 설명하고, 자신이 확보해 놓은 미국과 소련 비밀접촉선을 모두 넘겨주었다. 콜은 동방정책과 반공주의 수사rhetoric간 절묘한 조화를 시도했다. 콜은 동방정책 틀 안에서 서방정책적 요소, 심지어 오더-나이세선Oder-Neiße Line 이동을 회복해야 한다는 민족주의적 주장irredentism도 거부하지 않았다. 콜은 동독에 대한 양보는 재정지원 정도로 국한했다. 동독에 대한 재정지원이 동독 경제는 물론 동독 정권 자체를 안정시켜 독일 통일을 저해하게 될 것이라는 비난도 있었지만, 콜은 모순된 정책을 동시에 추진하는 것이 결국 서독에게 이익을 가져다 줄 것이라고 확신했다.

1980년대 말까지 동독인의 약 2/3와 서독인의 약 1/3이 상대측을 방문했다. 서독의 발전상을 목격한 동독인들은 귀환 후 동독 체제에 대해 보다 더 비판적이 되었다. 서독은 서독마르크DM를 동·서독 간 거래 시 결제수단으로 삼았으며, 이 원칙을 끝까지 고수했다. 동·서독 간 무역은 1970년대 이후 꾸준한 증가세를 보였다. 1983~1984년 무렵에는 약 150억 마르크1마르크는 약 1/2 유로 수준을 유지했다. 동·서독 간 경제협력 확대는 단기적으로는 동독을 안정시켰지만, 시간이 흐르면서 동독의 서독에 대한 경제 의존도가 높아져 갔다. 이는 동독 정권을 불안정하게 만들었다. 동독 주둔 군사력으로 동독 안보를 보장해 주던 소련이 손을 떼려하자 동독 정권은 흔들리기 시작했다. 동독 시민들의 정권에 대한 항의가 잦아졌다. 1985년 집권하여 페레스트로이카 외교정책을 펼치던 고르바초프Mikhail Gorbachev, 1931년~는 1988년 3월 유고슬라비아의 수도 베오

그라드 방문 시 소련군의 군사개입을 정당화한 '사회주의 주권 제한론' 즉, '브레즈네프 독트린' 폐기를 선언했다. 1989년 가을 프라하와 바르샤바를 여행 중이던 수천~수만 명의 동독인들이 헝가리, 오스트리아 등을 거쳐 서독으로 탈출했다. 그해 10월 공업도시 라이프치히에서 대규모 민주화 요구 시위가 발생하여 동독 주둔 소련군 투입 가능성까지 거론되었다. 콜 총리의 장남 발터 콜에 의하면, 본 Bonn 주재 주서독 소련대사는 사태 악화 시 동독 주둔 소련군 투입 불가피성을 콜 총리에게 설명했으며, 콜 총리에게서 이를 전해들은 총리 부인이 2차 세계대전의 참상을 떠올리고 소리 내어 흐느낄 정도로 상황이 매우 심각했다 한다.

경제력으로 통일을 사다

아데나워가 에어하르트의 도움으로 이루어낸 독일 경제의 힘은 소련과의 통일 협상 시 제대로 발휘되었다. 1990년 초를 전후하여 소련은 생필품 부족 등 극심한 경제난을 겪었다. 서독은 1990년 1월 소련에 쇠고기, 돼지고기, 버터, 우유, 치즈 등 2.2억 마르크 상당의 생필품을 제공했다. 콜은 나중 "고르바초프가 실각할 경우 독일 통일은 물거품이 될 수도 있었다."고 지원 배경을 설명했다. 미테랑 프랑스 대통령은 콜에게 "고르바초프가 실각하게 되면 상황이 급변하게 되니 고르바초프가 실각하지 않게 잘 도와주어야 한다."고 말했다 한다. 그해 2월 콜은 탈동독자脫東獨者 출신 겐셔Hans-Dietrich Genscher 외무장관을 대동하고 모스크바를 방문, 고르바초프와 정상회담을 개최했다. 고르바초프는 별다른 조건을 달지 않고, 독일 통일을 반대하지 않는다고 말했다. 소련 경제 상황은 더 심각해졌다. 같은 해 5월 셰바르드나제Eduard Shevardnadze 소련 외무장관이 서독을 방문하여, 차관 제공 가능성을 타진했다. 콜은 즉시 텔칙Horst Teltschik 외교보좌관을 모스크바에 파견했다. 소련은 텔칙에게 15억~20억 루블 지원을 요청했다. 서독은 소련이 요청한 액수보다 훨씬 더 많은 50억 마르크DM를 제공하겠다고 응답했다. 독일 통일과 관련된 미해결 문제를 2+4 회담에서 마무리하는 조건이었다. 이런 과정을 거쳐 1990년 7월 고르바초프의 고향 코카서스 스타브로폴에서 서독·소련 정상회담이 개최되었다. 서독·소련 양국은 통일독일의 NATO 가입과 동독 주둔 소련군의 3~4년 내 철수 등 8개 항에 합의했다. (NATO 중동부 유럽 방향 불확장에도 구두 합의) 서독 정부는 독일 통일의 걸림돌이 모두 제거된 것으로 판단했다. 그 후 고르바초프는 동독 주둔 소련군의 철수 비용으로 170억~175억 마르크 지원을 요구했다. 콜은 그해 9월 고르바초프와의 통화에서 80억 마르크 제공을 제의했는데, 고르바초프는 철수할 소련군을 위한 주택건설비로만 110억 마르크를 요구했다. 양국은 홍정 끝에 소련군 철수비용 120억 마르크에다 무이자 차관 30억 마르크를 추가 제공하는 것으로 합의했다. 소련에 대한 생필품 지원 결정이 기대 이상의 성과로 이어진 것이다. 1990년 2월 모스크바 개최 서독·소련 정상회담에 배석했던 텔칙은 고르바초프가 "독일인 스스로가 어떤 길을 갈지 선택해야 한다고 말했을 때 단어 하나하나를 정확히 받아 적느라 손이 아팠지만 속으로는 쾌재를 불렀다."고 회고했다. 텔칙은 다음과 같이 덧붙였다. "만약, 당시 고르바초프가 1,000억 마르크를 요구했다 해도 서독은 틀림없이 제공했을 것이다. 서독은 경제력으로 소련의 독일 통일 승인을 샀다." 겐셔는 독일 통일을 "비구름 뒤에 숨은 태양이 잠깐 얼굴을 내민 짧은 순간을 움켜쥐어 달성한 것"이라고 묘사했다. 겐셔의 말에서도 알 수 있듯이 독일 통일은 도둑처럼 온 것이 아니라 순간의 기회가 오기만을 기다리던 독일 지도자들의 끊임없는 인내와 지혜가 만들어낸 결과물이다. 비스마르크의 통일외교와 1, 2차 세계대전 시 기민한 전시외교 전통에도 힘입었다.

한국과 서독의 안보 환경 차이

한반도와 독일이 처한 안보환경은 다르다. 가장 큰 차이는 동·서독은 서로를 죽이는 전쟁을 치르지 않았지만 남·북한은 전쟁을 치렀으며, 아직도 서로를 적enemy으로 본다는 점이다. 이와 함께, 동독이 국가안보를 동독 주둔 50만 소련군에 의존하고 있었던 반면, 북한은 영내에 외국군을 주둔시키고 있지 않으며, 스스로 개발한 핵·미사일로 안보를 확보하고 있다는 것이다. 소련이 손을 떼자 동독은 곧 바로 붕괴했지만, 경제적으로는 중국에 의존하고 있지만, 군사안보적으로는 독립적인 북한은 중국이 손 뗀다 하여 곧바로 망하지는 않을 것이다. 중국은 '순망치한脣亡齒寒'의 지정학적 이유로 인해 북한을 포기하지 못할 것이다. 서독은 미국, 소련, 일본에 이은 세계 제4위 경제 강국이었으나 한국은 GDP 기준 겨우 세계 10위에 턱걸이하고 있다. 서독은 19세기 후반~20세기 전반에 걸쳐

2차례나 세계대전을 치를 정도로 강력한 국력을 갖고 있었으나, 한국은 그렇지 못하다. 진보·보수 제1, 2당이 수시로 연정, 즉 대연정 大聯政을 구성할 정도로 정치·사회적으로 안정적이었던 서독과 달리 한국 정치·사회는 안정적이지 못하다. 북한은 스스로 안보를 확보하고 있지만, 핵·미사일 능력 유지에 필요한 경제력이 매우 취약하다는 점에서 총합적 취약성은 동독과 크게 다르지 않다. 중국의 경제 지원이 끊어지면 북한은 길게 버티지 못하고 무너질 것이다. 핵무기 생산에 필요한 삼중수소3H는 1g에 100만 달러나 할 정도로 초고가超高價이다. 북한이 50~60개로 추산되는 핵 무력을 계속 확장하기에는 힘이 달릴 것이다. 그리고 군사적 한계효용도 체감할 것이다. 우리는 평화와 공존의 대북정책을, △세계제국 미국의 상대적 약화 △중국의 굴기崛起 △일본의 재무장 △북한의 전략무기 무장 강화 등으로 인해 야기된 초불확실성 시대에 맞게 변용1민족 2국가은 하되 일관성 있게 추진해야 할 것이다.

김대중노무현이 박정희노태우의 손을 잡아야

독일 통일은 아데나워총리·보수가 에어하르트총리&경제장관·보수와 함께 이룩한 경제력 및 공산주의에 대한 면역력을 바탕으로 바툐임장관·진보가 설계하고, 브란트총리·진보가 추진했으며, 슈미트총리·진보가 이를 더 단단히 하고, 콜총리·보수과 겐셔외교장관·중도가 종결지은 게르만 민족의 일대 과업이었다. 우리의 경우 이승만이 한국을 미국 중심 해양질서에 편입시키고, 박정희가 경제적 기초를 만들었으며,

김대중과 노무현이 노태우 시기에 시작된 북방정책Nordpolitik을 한층 더 발전시켜 중국과 북한에 가까이 다가갔다. 이명박과 박근혜는 북방정책, 햇볕정책의 흐름을 이어받되 북한 핵문제라는 상황 변화에 맞게 수정하여 한반도 평화와 안정, 통일 기반을 구축했어야 했다. 하지만, 이명박과 박근혜의 정책은 상당부분 1970~80년대 이전으로 후퇴하고 말았다. 진보에 대한 심각한 불신이 정책 역행 배경의 하나였다. 원활한 대북對北 정책 추진을 위해서는 진보·보수 간 화해와 통합이 절실하다. 이를 위해서는 김대중과 노무현으로 대표되는 진보 정치·사회세력이 이승만과 박정희, 노태우로 대표되는 보수 세력의 손을 잡아야 한다. 화해, 통합해야 한다. 미·중 신냉전 심화와 북한 핵의 전술무기화라는 변화된 한반도 외교안보·군사 상황에 맞게 폐쇄적 민족주의에 기초한 정책노선은 갈아엎어야 한다. 20세기 중반 한반도 해방과 연이은 분단이 동아시아-서태평양 국제질서 변화로 야기되었듯이 한반도 통일도 미·중 신냉전에 기인한 동아시아-서태평양 국제질서 변화가 있어야 가능하다. 통일 역량 축적이 우선이다.

新인도·태평양-유라시아 구상

1. 목적

○ **미·중 신냉전에 대처** ☞ **미·중 신냉전은 한국 외교의 최대 도전**
  - 미국은 △인도-태평양 버전 NATO를 지향하는 QUAD 설립과 함께 △제4차 산업 글로벌 네트워크로부터 중국 배제decoupling 시도
  - 미국 외교안보정책 목표는 ⑴중국의 부상 저지, ⑵최종적으로는 중국 붕괴
    * 1990년 중국 GDP는 미국 GDP의 6.6%에 불과 ⇒ 2021년 미국 GDP의 74%에 도달 ⇒ 미국 조야朝野의 중국 공포 극대화 ☞ **블링컨 국무: 중국이 최대 지정학적 test**
  - 미·중 신냉전은 민족 부흥과 도약의 기회로 작용

○ **북핵·북한 문제 해결**
  - 북핵·북한 문제 해결과 한반도 안정 및 평화 유지를 위해 한국은
    ① QUAD또는 QUAD+ 참가 포함 **외교 방향 정립,**
    ② 북한과 인근국 군사력에 대항하기 위한 非대칭 군사력 강화,
      ☞ ①육·해·공 등 전통 분야는 물론, ②우주, ③사이버, ④hybrid 전쟁심리전 병행 포함 독자적 전쟁 기획·수행 능력 확보도 필요
    ③ 중국의 압력에 대처하기 위해 일본과의 관계 정상화를 위한 한·일 기본조약1965 업그레이드

2. 방향

① **차원 높은 4강 외교**
  - ⑴ 미국과 정치·경제·기술·군사 동맹 구축·발전,
    ⑵ 중국과 우호 관계 유지,
    ⑶ 한·일 기본조약 개정을 통해 일본과 관계 정상화,
    ⑷ 러시아와 경제·기술 파트너십 강화

② **북한 포용**
  - 세계 제10위의 경제력과 제6위의 군사력을 배경으로 북한 포용

---

③ **태평양 연안, 유라시아 주요국들과의 전략적 협력 증진**
  - (타이완), 베트남, 호주, 인도, 인니, UAE, 사우디아라비아, 이스라엘 등과 산업, 국방 분야 등에서 전략적 협력 강화
  - 인도, 이스라엘과 우주항공, 원자력 등 분야 협력 증진

④ **유라시아 경제공동체 구축**
  - 몽골과 중앙아시아·카스피해 국가들_{우즈베키스탄, 카자흐스탄, 키르키즈, 타지키스탄,} 투르크메니스탄, 아제르바이잔 등과의 경제 Confederation 구축
    * 유럽대륙 중앙^{Mitteleuropa}에 위치하여 동으로는 러시아, 서로는 영국·프랑스를 상대해야 했던 독일이 외교적, 군사적으로 **항상 먼저 서쪽**을 정리하고 난 다음 동쪽을 상대했듯이^{*West- ⇒ Ost-politik}.
    * **서방정책 ⇒ 동방정책**
  - 유라시아 대륙세력과 태평양 해양세력 한 가운데에 위치한 한국도 미·중 新냉전 시대를 맞이하여 생존, 번영, 통일을 이루기 위해서는 해양세력 미국·일본 관련 문제를 먼저 정리하고 난 다음 대륙세력 중국, 그리고 북한 문제를 다루어야
    ☞ 복배腹背로 문제를 안고 가는 것은 위험

3. 구체 정책

○ **對4강**
① **미국**
  - 2021년 5월 한·미 공동선언을 기초로 QUAD 가입 등 對미국 관계 획기적 증진을 통해, 미국의 對한국 핵, 미사일, 전투기, 탱크 포함 국방안보 관련 각종 제한 약화 또는 해제와 함께 경제·기술적 이익 확보
  - 한·미 경제·기술 동맹 구축
  - 4차 산업 분야 협력 증진과 함께 CPTPP_{환태평양경제동반자협정} 참가 검토
    * **미국은 한국을 Linchpin으로 간주**
  - G5 수준으로 도약해야 미국으로부터 제대로 된 동맹국 취급을 받고, 국방 관련 각종 제약 해소, 지원 확보 가능
    ☞ 미국의 협조(와 일본의 양해를 확보하여) G7 지향

② 중국
- 중국은 우주항공, 5G 무선정보통신, AI, 빅 데이터, 안면인식, 전기자동차 등 분야에서 세계적 수준에 도달 ☜ 한국은 메모리 반도체와 조선 등 소수 분야에서만 우위 유지
- 중국 14억 인구 중 약 15%인 연안지역 2억여 명은 1인당 GDP 3만 달러 이상
  ⇒ 중국 연안지역 GDP6조 달러가 이미 일본 GDP5조 달러 능가
  ⇒ 2020년 중국은 전 세계 생산 차량의 약 1/3인 2,530만 대 생산
  * 중국의 지속 성장과 동아시아-서태평양 패권 장악은 한반도 국가의 속국화 야기
- 중국의 서해, 동해, 동중국해 해역EEZ과 공역KADIZ에 대한 군사적 압박 저지
  ⇒ **「사활적vital 국익선」 개념 확립과 함께 이를 담보할 수 있는 최소한의 군사력 확보 ☞ 미국의 안보 보장이 약화되는 극단의 경우 (일본과 함께) 핵무장 추진**
- 한·중 FTA를 관세율 인하 중심에서 무역마찰 방지 중심으로 개정
- 영화, 드라마 포함 문화 분야 협력 증진, 갈등 해소를 위한 협력 협정 체결

③ 일본
- 1965년 체결 한·일 기본조약을 현실에 맞게 개정 ⇒ 한·일 관계 정상화
  * 1965년 한국 GDP는 일본 GDP의 1/30-40에 불과, 2020년 한국 GDP는 일본 GDP의 약 1/3
- 개정 한·일 기본조약에는 일본의 한반도 침탈과 종군 위안부, 강제 징용자 포함 인권 침해 등에 대한 일본 정부의 사과를 명기하되, 한국 정부와 수혜 한국 기업 등이 공동 출연한 Fund를 통해 한국인 피해자들에게 적정액 보상
  • **일본과의 관계 정상화를 통해 한국에 유리한 방향으로 동북아 질서 전환 추진 ☞ 중국의 동아시아에 대한 영향력 약화**

④ 러시아
- 실질적 협력 관계 강화
  • 한국의 시장화 기술과 러시아의 기초 기술 전략적 거래 확대
  • 러시아산 에너지 도입을 위한 연해주-강원도 연결 파이프라인 부설
    * 전략물자와 supply chain 확보, 유지

○ **對북한**

- 북한은 △정권 안보 △한국의 존재 △중국의 대對북한 전략적 이해관계 △미·중의 한반도 문제에 대한 전략적 이해 상충 △중·러·일에 포위당한 지정학적 위치 등으로 인해 핵을 결코 포기할 수 없어 ☞ **동독은 駐동독 50만 소련군을 통해 안보를 확보했던 반면, 북한은 스스로 개발한 핵으로 안보 확보**

- 핵잠수함과 현무 미사일 지속 개발 등 非대칭 무기 포함 강력한 군사력과 함께 한·미 동맹, 한·일 우호, 한·중과 한·러 협력 등을 배경으로 **외부 세계와의 교류 확대* 지원** 등 북한을 포용하는 방식으로 장기적 관점에서 북핵, 북한 문제 해결

   ⇒ **한반도 통일은 동아시아 국제정세가 근본적으로 바뀌어야 가능**

- 1민족 2국가 제도화 추진

○ **태평양 연안, 유라시아 주요국**

- (타이완), 베트남, 호주, 인도, 인니, UAE, 사우디아라비아, 이스라엘 등 태평양 연안, 유라시아 지정학적 핵심국가들과의 전략적 협력관계 강화

   ☞ 중국의 연횡정책1:1 격파에 대비하는 한편, 미·중 대립 구도 완화추구

- 동남아, 인도아대륙 국가들과 획기적 통상·산업 협력 네트워크 구축

   * 인도가 러시아와 공동으로 개발한 브라모스브라마푸트라+모스크바 **미사일을 러시아의 동의를 얻어 베트남에 제공했듯이,**

- 우리도 인도, 이스라엘 등과 우주항공 등 방산협력 증진

○ **유라시아(중앙아시아–카스피해) 대륙국가**

- 몽골과 중앙아시아–카스피해 국가들우즈베키스탄, 카자흐스탄, 키르키즈, 타지키스탄, 투르크메니스탄, 아제르바이잔에 매년 일정액 투자, 교역 확대

- 이 국가들과의 관계 강화 시 여러 가지 이득

   • 첫째, 국제무대에서 무조건적 지원 세력화

   • 둘째, 중앙아시아 지역으로부터 이민 수용 용이

   • 셋째, 몽골과 중앙아시아 국가들은 특히 중·러 간 지정학적 경쟁 대상인데, 우리나라가 몽골과 중앙아시아 국가들을 장기적 관점에서 경제 중심으로

느슨한 Confederation으로 묶을 경우 중국과 러시아에 대한 레버리지 확보 ☞ 한·미 관계 강화에도 기여

○ 유럽
- 독일과의 포괄적 경제·산업·제도 협력
- 프랑스·영국·스웨덴 등과 첨단 군수분야 협력 증진

> 신新인도·태평양-유라시아 구상 이행을 위해서는 정치제도 개혁은 물론, 경제, 교육과 함께 외교 분야 혁신도 필요

※ 향후 5년에 걸쳐 외교부 정원 5,000~6,000명으로 확대
- 통일부, 산업부, 교육부, 여가부, 지자체 등에서 일부 흡수
- 조직 개편
  - 인적 구성: 부총리급 장관, 4~5 차관, 15~16 차관보
    - 경제안보본부(차관급) 설립
  - 지역별: 중국, 일본, 유라시아, 동남아, 서남아, 중동-아프리카, 유럽, 아메리카, 대양주
  - 기능별: 인사·조직, 행정 지원, 영사, 군사핵, 미사일 포함, 과학기술정보, 경제안보·통상, UN과 IAEA 등 국제기구
  - 40~50개국
  - 120~150개과
  - 해외 공관과 KOTRA와 KOICA, 관광공사 등 여타 공공 기관 간 관계 조정
  - 공관장 엄선, 임기 연장(4~5년)

참고문헌

국문자료

01   가토 요코(양지연 역), 『왜 전쟁까지』, 사계절 출판사, 2018
02   김명호, 『중국인 이야기 1, 6, 7』, 한길사, 2012, 2017, 2019
03   김성환, 『격동하는 러시아 정치』, 지식산업사, 1994
04   김종대, 『노무현 – 시대의 문턱을 넘다』, 나무와 숲, 2010
05   김종인, 『영원한 권력은 없다』, 시공사, 2020
06   김한규, 『티베트와 중국』, 소나무, 2002
07   데 블레이 하름(유나영 역), 『왜 지금 지리학인가』, 사회평론, 2015
08   랑셴핑(홍순도 역), 『중·미 전쟁』, 비아북, 2010
09   런즈추, 원쓰융(임국웅 역), 『후진타오』, 들녘, 2004
10   류펑(김문주 역), 『인류의 운명을 바꾼 역사의 순간들 – 전쟁편』, 시그마북스, 2009
11   문재인, 『대한민국이 묻는다』, 21세기 북스, 2017
12   문정인, 『중국의 내일을 묻다』, 삼성경제연구소, 2010
13   밀워드 제임스(김찬영, 이광태 역), 『전쟁의 역사』, 천일문화사, 2013
14   밀워드 제임스(김찬영, 이광태 역), 『신장의 역사』, 사계절, 2013
15   박민희, 『중국 딜레마』, 한겨레출판사, 2021
16   박태균, 『한국 전쟁』, 책과 함께, 2007
17   백범흠, 『중국』, 늘품플러스, 2010
18   백범흠, 『통일』, 늘품플러스, 2019
19   백범흠, 『한·중·일 4000년』, 늘품플러스, 2020
20   비피술거래, 『2018 중·미 무역전쟁』, 비피술거래, 2018
21   송민순, 『빙하는 움직인다』, 창비, 2016
22   송복, 『조선은 왜 망하였나』, 일곡문화재단, 2014
23   슈나이더 티머시(유강은 역), 『가짜 민주주의가 온다』, 부키, 2019
24   시오노 나나미(오화정 역), 『국가와 역사』, 혼 미디어, 2015
25   외교부, 『미국 알기』, 2017
26   외교부, 『중국 개황』, 2017
27   유인선, 『베트남과 그 이웃 중국』, 창비, 2016
28   이수혁, 『북한은 현실이다』, 21세기 북스, 2011
29   이용준, 『게임의 종말』, 한울, 2010

30 이종석, 『칼날 위의 평화』, 영신사, 2014

31 이진호, 김종현, 김우람, 『합동성 강화를 위한 무기체계』, 북 코리아, 2015

32 임익순, 『내 심장의 파편』, 시월, 2013

33 자오쯔양(장윤미, 이동화 역), 『국가의 죄수』, 에버리치홀딩스, 2006

34 정영록, 『핏팅 코리아』, 하다(HadA), 2021

35 정재호, 『생존의 기로: 21세기 미·중 관계와 한국』, 서울대학교 출판문화원, 2021

36 정재호, 『중국의 부상과 한반도의 미래』, 서울대학교 출판문화원, 2011

37 조세영, 『봉인을 떼려하는가』, 아침, 2004

38 천지셴(홍순도역), 『누르하치』, 돌베개, 2015

39 최금란, 『추억의 하늘에서 반짝이는 별들』, 연변인민출판사, 2010

40 최명해, 『중국·북한 동맹 관계』, 오름, 2009

41 최영진, 『新조선 책략』, 김영사, 2013

42 최재덕, 『대한책략』, 논형, 2019

43 클레이 클레멘스(권영세역), 『서독 기민당/기사당의 동방 정책』, 나남, 2009

44 태영호, 『3층 서기실의 암호』, 기파랑, 2018

45 프리드먼 조지(K전략연구소역), 『21세기 지정학과 미국의 패권전략』, 김앤김북스, 2018

46 한명기, 『병자호란』, 푸른 역사, 2017

47 한용섭, 『국방정책론』, 박영사, 2014

영문자료

01 Bolton, John, 『Surrender is Not Option』, Simon & Schuster, 2007

02 Bolton, John, 『The Room Where It Happened』, Simon & Schuster, 2020

03 Brzezinski, Zbigniew, 『The Choice – Global Domination or Global Leadership』, Basic Books, 2004

04 Brzezinski, Zbigniew, 『The Grand Chessboard』, Basic Books, 1997

05 Burleigh, Michael, 『The Third Reich』, Pan Books, 2001

06 Diamond, Jared, 『Guns, Germs & Steel』, Norton Paperback, 1999

07 Freedman, Thomas, 『From Beirut to Jerusalem』, Anchor Book, 1995

08 Green, Michael, 『By More Than Providence』, Columbia Uni. Press, 2017

09 Halberstam, David, 『The Coldest Winter』, Hyperion, 2007

10   Hanson, Victor, 『Carnage and Culture』, Penguin Random House, 2002
11   Holzer, Jan & Mares, Miroslav, 『Czech Security Dilemma : Russia as a Friend or an Enemy?』, McMillan, 2020
12   Hopkirk, Peter, 『The Great Game』, Kodansha, 1994
13   Jacques, Martin, 『When China Rules the World』, Penguin Books, 2009
14   Kaplan, Robert, 『The Revenge of Geography』, Random House, 2012
15   Kim, Byung-Yeon, 『Unveiling the North Korean Economy - Collapse and Transition』, Cambridge Uni. Printing House, 2017
16   Kinross, John, 『The Ottoman Centuries』, Perennial, 2002
17   Kissinger, Henry, 『Does America need a Foreign Policy』, Simon & Schuster, 2001
18   Kissinger, Henry, 『On China』, Penguin Press, 2011
19   Kundnani, Hans, 『The Paradox of German Power』, Oxford Uni. Press, 2015
20   Marshall, Tim, 『Prisoners of Geography』, Elliot & Thompson, 2015
21   Morgenthau, Hans, 『Politics among Nations』, Random House, 1985
22   Oberdorfer, Don, 『The Two Koreas』, Basic Books, 2001
23   Schäuble, Wolfgang, 『der Vertrag』, Deutsche Verlags-Anstalt, 1991
24   Yergin, Daniel, 『The Prize』, Free Press, 1992
25   Zelikow, Philip & Rice, Condoleeza, 『Germany Unified and Europe Transformed』, Harvard Uni. Press, 2002